書ける！
話せる！

たのしい 韓国語ドリル

鶴見 ユミ
Tsurumi Yumi

はじめに

お気に入りのアイドルグループのメンバーが話す言葉を聞き取りたい、サイン会で話してみたい、SNSをリアルタイムでチェックしたい、週末を利用して韓国でショッピングやグルメを楽しみたい。皆さんの思いひとつひとつが、日韓をつなぐ橋を強く太くしてくださっています。

韓国語の勉強を始めてみると、ハングルを覚えるのも大変だし、やっとハングルを覚えても、数字も助詞も2種類あって使い方が分からないなど、独学する人が最初にぶち当たる壁は共通しています。ですが、実は簡単に覚えられる「コツ」があるのです。本書で学べば、簡単な日常会話はすぐにできるようになります。

“시작(シジャク) 반이다(パニダ).”「始めたら半分終わったも同然。」という韓国のことわざがあります。本書では、読者の皆さんが旅行会話や日常会話、サイン会などで「すぐに話せる」ことを目標にして、教科書的でネイティブがあまり使わないフレーズではなく、ネイティブが日常で使う「自然なフレーズ」だけを掲載しました。きれいな韓国語を話すために必要で、かつどんな場面でも応用がきくように、基礎文法は全て盛り込み、この一冊だけで基礎をマスターできるようにしました。難しい文法用語はなるべく使わずに、ページごとにコラムや新しい言葉などを掲載しているので、途中で挫折せず楽しく勉強を続けられると思います。

韓国に興味を持ち、韓国語を話したいと思う皆さんの学習を応援しています。本書が皆さんのお役に立てるよう心から願っています。

鶴見ユミ

本書の使い方

本書では、実際にネイティブが日常的に使っているフレーズをベースに、これだけ学べば韓国人と話したり、韓国を旅したりしても困らない内容を網羅しました。ドリル形式になっているので、繰り返し書き込みながら楽しく学びましょう！

メインのフレーズ

実際にネイティブが使っているフレーズです。このレッスンの文法テーマを含んだ表現です。

書いてみよう

ドリル形式の書きとり練習です。文法テーマに即した会話形式のフレーズを書いて覚えましょう。

音声

「例文」「文法ポイント」「書いてみよう」や「練習問題」、「発展フレーズ」などの音声が収録されています。

色分け

名詞は青、助詞は緑、副詞はオレンジ、動詞や助動詞はピンクに色分けしているので、文法がわかりやすくなっています。

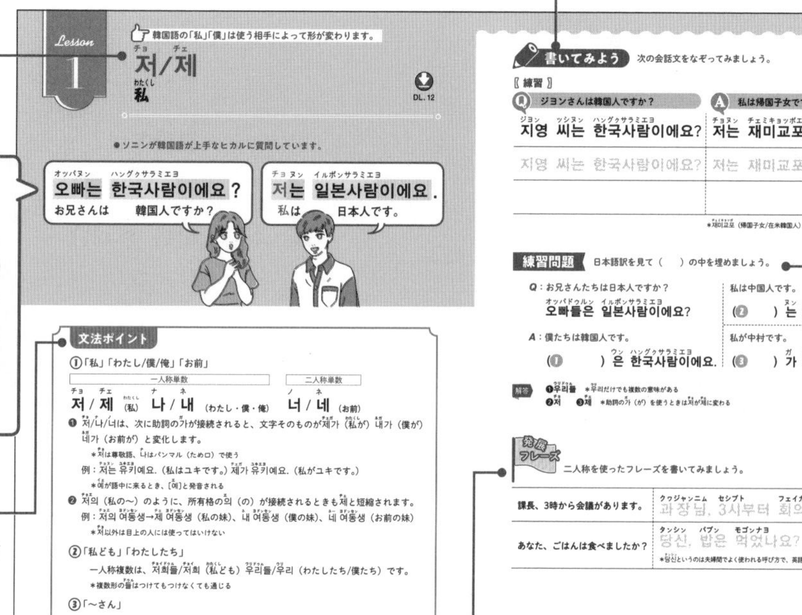

Lesson 1

韓国語の「私」「僕」は使う相手によって形が変わります。

저/제
私

DL. 12

●ソニンが韓国語が上手なヒカルに質問しています。

오빠는 한국사람이에요？
お兄さんは 韓国人ですか？

저는 일본사람이에요.
私は 日本人です。

文法ポイント

①「私」「わたし/僕/俺」「お前」

一人称単数		二人称単数
저 / 제 (私)	나 / 내 (わたし・僕・俺)	너 / 네 (お前)

❶ 저/나/너は、次に助詞の가が接続されると、文字そのものが제가（私が）내가（僕が）네가（お前が）と変化します。
＊저は尊敬語、나はパンマル（ためロ）で使う
例：저는 유키예요.（私はユキです。）제가 유키예요.（私がユキです。）
＊예が語中に来るとき、[에]と発音される

❷ 저의（私の～）のように、所有格の의（の）が接続されるときも제と短縮されます。
例：저의 여동생→제 여동생（私の妹）、내 여동생（僕の妹）、네 여동생（お前の妹）
＊저以外は目上の人には使ってはいけない

②「私ども」「わたしたち」
一人称複数は、저희들/저희（私ども）우리들/우리（わたしたち/僕たち）です。
＊複数形の들はつけてもつけなくても通じる

③「～さん」
職場などでは、お互いフルネームに「さん」をつけて呼び合います。
例：김시원 씨（キムシウォンさん）

32

書いてみよう　次の会話文をなぞってみましょう。

DL. 13

〖練習〗

Q ジヨンさんは韓国人ですか？
지영 씨는 한국사람이에요?

A 私は帰国子女です。
저는 재미교포예요.

＊재미교포（帰国子女/在米韓国人）

練習問題　日本語訳を見て（　）の中を埋めましょう。

Q：お兄さんたちは日本人ですか？
오빠들은 일본사람이에요?

A：僕たちは韓国人です。
（❶　）은 한국사람이에요.

私は中国人です。
（❷　）는 중국사람이에요.

私が中村です。
（❸　）가 나카무라예요.

解答　❶우리들　＊우리だけでも複数の意味がある
❷저　❸제　＊助詞の가（が）を使うときは저が제に変わる

発展フレーズ　二人称を使ったフレーズを書いてみましょう。

課長、3時から会議があります。	과장님, 3시부터 회의가 있습니다.
あなた、ごはんは食べましたか？	당신, 밥은 먹었나요? ＊당신というのは夫婦間でよく使われる呼び方で、英語のyouとは使い方が違うので注意

豆ちしき　小説などで使われる三人称　그（彼）、그녀（彼女）、그들（彼ら）、그녀들（彼女ら）

33

文法ポイント

このレッスンで学ぶ文法解説です。

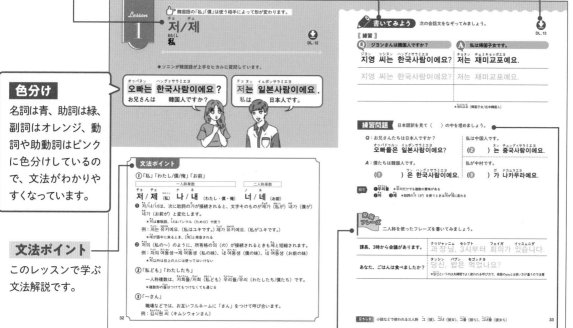

発展フレーズ・入れ替えお役立ちフレーズ

このレッスンでさらに覚えておきたい、プラスアルファのフレーズです。

練習問題

このレッスンで学んだ文法を使った練習問題です。しっかり復習しましょう。音声には解答が入った文章が収録されています。

韓国語のルビについて

本書の発音ルビは、なるべく韓国語に近いカタカナで表現していますが、実際には日本語で正確に表しきれません。カタカナの発音ルビはあくまで参考です。正しい発音は音声を聴いて身につけましょう。

韓国語の助詞について

本書では、実際のネイティブの会話に近づけるため、意図的に助詞を抜いているフレーズがあります。助詞を抜いているフレーズは、対応する日本語の助詞も抜いています。

音声ダウンロードの方法

音声はパソコン・スマートフォン等で聞くことができます。以下の手順を参考に、学習環境に合わせてご利用ください。

・下記の専用サイトにアクセス、もしくはQRコードを読み取り、お使いの書籍を選択してください。
https://www.takahashishoten.co.jp/audio-dl/
・パスワード入力欄に「11455」を入力してください。
・音声をダウンロードするをクリック。
※ストリーミングでも再生できます。

※本サービスは予告なく終了することがあります。
※パソコン・スマホの操作に関する質問にはお答えできません。

Contents

part 4
韓国語の活用形

part 5
否定形と尊敬語

part 6
過去形と可能形・不可能形

Contents

staff

デザイン　宮代佑子（フレーズ）
イラスト　西村オコ
DTP　株式会社 明昌堂
校正　有限会社 共同制作社
ナレーション　韓国語　申義秀　金旺美
　日本語　森優子
録音　ユニバ合同会社
編集協力　円谷直子

part 1

韓国語の基本

第1章では、韓国語がどんな言葉なのかを学びます。音声をたくさん聞いて、韓国語の発音に慣れていきましょう。P124～126に発音の変化のまとめを掲載しています。書いてある文字と発音の違いに気づいたら、巻末を開いてみてくださいね。

勉強を始める前に、韓国語の特徴や日本語との共通点を見てみましょう。

Lesson 1 韓国語の特徴

文法ポイント

① 日本語との共通点

❶漢字語の発音は日本語にとても似ている

漢字語は、漢字が元になっている単語です。

日本語 **準備**（じゅんび）　韓国語 **준비**（チュンビ）

❷語順がほとんど同じ

韓国語も日本語と同じように、主語から始まり述語で終わります。

主語　述語

チョヌン　イルボンサラミムニダ

저는 일본사람입니다.

私は　日本人です。

❸「～する」にあたる動詞がある

하다（ハダ）動詞は、漢字語（漢字が元になっている単語）の二字熟語の後ろについて使える便利な言葉です。

チュンビハダ

준비하다（準備する）

❹「て、に、を、は」にあたる助詞がある

日本語と同じように、「（どこどこ）～に」「（なになに）～を」などの、主語につく助詞があります。

❺主語がなくても会話が成立する

会話では、「明日、行きます」のように、主語や目的語を省いても相手に通じます。

❻「です・ます」にあたる話し言葉がある

かしこまった語尾の格式体（합니다（ハムニダ）体）であるㅂ니다（ムニダ）./ㅂ니까（ムニッカ）? と、一般的な会話に使う親しみのある語尾の非格式体（해요（ヘヨ）体）である요（ヨ）.があります。

❼尊敬表現がある

日本語と同じで、尊敬語や謙譲語があります。

通常の表現		尊敬語
집（チプ）（家・うち）	→	댁（テク）（宅・お宅）

韓国では目上の人を敬う文化があるので、尊敬語は必ずマスターしましょう。ただし、上の例や日本語の「行く」と「伺う」のように単語そのものが変わることは少なく、ほとんどは規則的な活用で尊敬語を作ることができます。

② 韓国語の特徴

❶日本語と同じ漢字が6割以上あるが、漢字表記をしない

韓国語では日本語のように漢字表記はしませんが、共通する漢字語が熟語全体の6割ほどあります。その上、日本語の漢字の音読みと韓国語の漢字語の発音はとても似ています。日本語の漢字には音読みと訓読みがありますが、韓国語で使う漢字語には音読みしかありません。

例えば、日本語では時間の「間」は「あいだ」「ま」「カン」と、おもに3つの読み方がありますが、韓国語では“간（カン）”ひとつしかありません。

❷男言葉、女言葉がない

すべての語尾が男女の区別なく使われます。また、「僕」「俺」「私（わたくし）」「わたし」などの人称代名詞にも男女の区別がありません。

❸くだけた言葉づかいのため口がある

親しい人同士、同い年の人同士、目下の人に対して使うため口（韓国語では반말（パンマル）という言葉づかい）があります。目上の人には絶対に使ってはいけません。

❹韓国語の活用形はたった3種類

韓国語は、第Ⅰ・第Ⅱ・第Ⅲ活用の3種類でほぼすべての用言を活用することができます。中には当てはまらない特殊語幹用言や変格活用用言もありますが、これらも第Ⅰ・第Ⅱ・第Ⅲ活用を応用して、規則的に活用することができます。

豆ちしき 初対面で반말（パンマル）を使うのは避けて、仲良くなってから使うのがベター。

反切表を見て、子音と母音の組み合わせを覚えていきましょう。

ハングルの仕組み（反切表）

ハングルはローマ字のように子音と母音の組み合わせでできています。日本語のように漢字表記をしないので、一度覚えればどんな文字でも読むことができます。

◆反切表（ハングルの一覧表）

子音＼母音	ㅏ [a]	ㅑ* [ja]	ㅓ [ɔ]	ㅕ* [jɔ]	ㅗ [o]	ㅛ* [jo]	ㅜ [u]	ㅠ* [ju]	ㅡ [ɯ]	ㅣ [i]
ㄱ [k/g]	가	갸	거	겨	고	교	구	규	그	기
ㄴ [n]	나	냐	너	녀	노	뇨	누	뉴	느	니
ㄷ [t/d]	다	댜	더	뎌	도	됴	두	듀	드	디
ㄹ [r/l]	라	랴	러	려	로	료	루	류	르	리
ㅁ [m]	마	먀	머	며	모	묘	무	뮤	므	미
ㅂ [p/b]	바	뱌	버	벼	보	뵤	부	뷰	브	비
ㅅ [s/ʃ]	사	샤	서	셔	소	쇼	수	슈	스	시
ㅇ [ϕ/ŋ]	아	야	어	여	오	요	우	유	으	이
ㅈ [tʃ/dz]	자	쟈	저	져	조	죠	주	쥬	즈	지
ㅋ [kh]	카	캬	커	켜	코	쿄	쿠	큐	크	키
ㅌ [th]	타	탸	터	텨	토	툐	투	튜	트	티
ㅍ [ph]	파	퍄	퍼	펴	포	표	푸	퓨	프	피
ㅊ [tʃh]	차	챠	처	쳐	초	쵸	추	츄	츠	치
ㅎ [h]	하	햐	허	혀	호	효	후	휴	흐	히
ㄲ [ˀk]	까	꺄	꺼	껴	꼬	꾜	꾸	뀨	끄	끼
ㄸ [ˀt]	따	땨	떠	뗘	또	뚀	뚜	뜌	뜨	띠
ㅃ [ˀp]	빠	뺘	뻐	뼈	뽀	뾰	뿌	쀼	쁘	삐
ㅆ [ˀs]	싸	쌰	써	쎠	쏘	쑈	쑤	쓔	쓰	씨
ㅉ [ˀʃ]	짜	쨔	쩌	쪄	쪼	쬬	쭈	쮸	쯔	찌

*ㅑ、ㅕ、ㅛ、ㅠは、発音記号ではjで表記しますが、実際の発音はyの音です。

合成母音	ㅐ [ɛ]	ㅒ [jɛ]	ㅔ [e]	ㅖ [je]	ㅘ [wa]	ㅙ [we]	ㅚ [we]	ㅝ [wɔ]	ㅞ [we]	ㅟ [ui]	ㅢ [ɯi]
子音ㅇ[ϕ]	애	얘	에	예	와	왜	외	워	웨	위	의

① 反切表の見方

韓国語は、「ローマ字」のように、子音と母音を組み合わせて作ります。反切表の縦の文字（子音）と、横の文字（母音）を組み合わせて文字を作ってみましょう。

❶ローマ字に似ている？

まず、「ま」をローマ字で書いて子音と母音に分解してみましょう。

ma（子音 m ＋母音 a）

反切表を見ながらハングルの「ま」の文字を書いてみると、以下のようになります。

마（子音ㅁ(m)＋母音ㅏ(a)）

ハングルにはローマ字にはない上下表示の文字もあります。「も」の文字を見てみましょう。

mo（子音 m ＋母音 o）

모（子音ㅁ(m)＋母音ㅗ(o)）

❷反切表を見ながら自分の名前を書いてみよう！

なおみ（na o mi）

子音からnの文字ㄴを探す→母音からaの文字ㅏを探す＝나(ナ)

母音からoの文字ㅗを探す＝오(オ)

＊日本語の母音アイウエオを書く場合は必ず子音ㅇをつける

子音からmの文字ㅁを探す→母音からiの文字ㅣを探す＝미(ミ)

りさ（ri sa）

子音からrの文字ㄹを探す→母音からiの文字ㅣを探す＝리(リ)

子音から s の文字ㅅを探す→母音からaの文字ㅏを探す＝사(サ)

姓	名

Column

韓国語には「ざ、ず、ぜ、ぞ、つ」と同じ音がないため、これらは韓国語ネイティブにとって発音がとても難しい音です。日本語で「おざき」という姓は「자(ジャ)、주(ジュ)、제(ジェ)、조(ジョ)」とㅈの音を使って오자키(オジャキ)、「りつ」という名は「츠(チュ)」または「쓰(ッシュ)」を使って리츠(リチュ)または리쓰(リッシュ)と書きます。

豆ちしき　日本語の「〇〇ちゃん」のように、韓国語にも名前につけて呼ぶ言葉があるが、目上の人には絶対に使わない（P29参照）。

まずは基本の母音を身につけましょう。

基本の母音

DL. 2

文法ポイント

◆ 基本の母音は全部で10個

基本母音は全部で10個です。母音には明るい響きの陽母音（プラスの音、ピンク）と暗い響きの陰母音（マイナスの音、紫）がありますが、이(イ)だけは発音上中性母音といい、どちらにも含まれません。

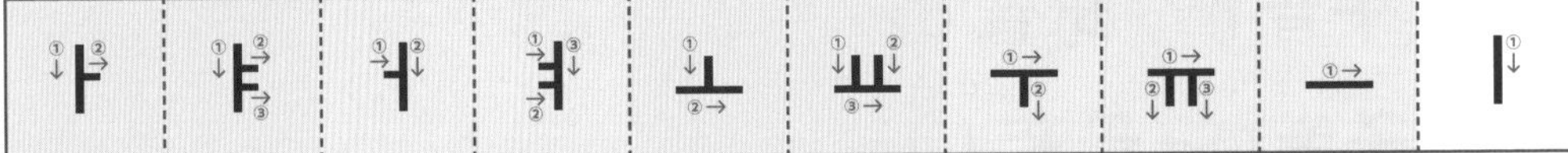

上記のように母音だけでは使えないので、下記のように「あ行」の音でも必ず子音「ㅇ」と組み合わせて使います。

아(ア)	야(ヤ)	어(オ)	여(ヨ)	오(オ)	요(ヨ)	우(ウ)	유(ユ)	으(ウ)	이(イ)

下の表を見ると、陽母音と陰母音は棒がそれぞれ違う方向に向いていて、反対の形になっていることがわかります。発音するときは下の表で同じ列にある母音は同じ口の形で発音します。例えば、아(ア)と어(オ)は同じ口の開き方で、아(ア)の口のまま어(オ)を発音すると、正しく発音ができます。

◆ 陽母音と陰母音

+ [j]	マイナスの音・陰母音	プラスの音・陽母音	+ [j]
ㅕ [jɔ]ヨ	左 ㅓ [ɔ]オ	右 ㅏ [a]ア	ㅑ [ja]ヤ
ㅠ [ju]ユ	下 ㅜ [u]ウ	上 ㅗ [o]オ	ㅛ [jo]ヨ
	大地 ㅡ [ɯ]ウ	中性母音 人 ㅣ [i]イ	

書いてみよう

〘練習1〙基本母音をなぞってみましょう。

ア 아	ヤ 야	オ 어	ヨ 여	オ 오	ヨ 요	ウ 우	ユ 유	ウ 으	イ 이
아	야	어	여	오	요	우	유	으	이

〘練習2〙基本母音を使った単語や文章を書いてみましょう。

子どもたち	アイドル	きゅうりパック	牛乳クリーム
アイドゥル 아이들	アイドル 아이돌	オイペク 오이팩	ウユクリム 우유크림
아이들	아이돌	오이팩	우유크림

余裕があります。	理由があります。
ヨユガ　イッソヨ 여유가 있어요.	イユガ　イッソヨ 이유가 있어요.
여유가 있어요.	이유가 있어요.

＊「～가 있어요.（ガ イッソヨ）」はP72参照

Column

日本語では同じ音の「オ」「ヨ」「ウ」が韓国語では2種類あります。どう使い分ければいいのでしょうか？

「オ」…어（オ）は口を大きく開けて発音し、오（オ）は日本語とほぼ同じです。

「ヨ」…여（ヨ）は口を大きく開けて発音し、요（ヨ）は日本語とほぼ同じです。

「ウ」…우（ウ）は口をとがらせて発音し、으（ウ）は「イ」の口で「ウ」を発音します。

豆ちしき 基本母音のみの単語　이（イ）（歯／この）、여우（ヨウ）（女優／きつね）、유아（ユア）（幼児）、야유（ヤユ）（揶揄（やゆ））などがある。

Lesson 4

母音と母音を組み合わせた合成母音を学びましょう。

合成母音

文法ポイント

◆ 合成母音は全部で11個

合成母音は基本母音を元に２つの母音が合成されてできた母音で、全部で11個あります。

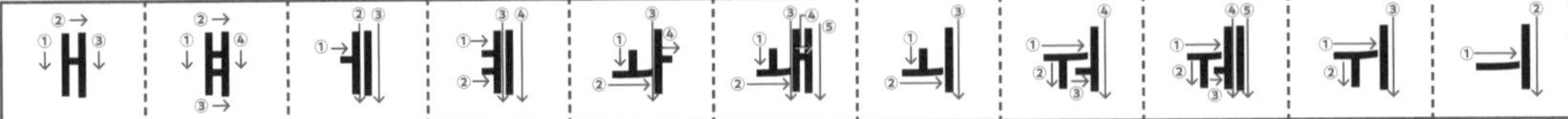

母音だけでは使えないので、下記のように必ず子音「ㅇ」と組み合わせて使います。

エ	イェ	エ	イェ	ワ	ウェ	ウェ	ウォ	ウェ	ウイ	ウィ
애	얘	에	예	와	왜	외	워	웨	위	의

애（エ）	[ɛ]	日本語の「エ」よりも口を大きめに開けて発音します。
얘（イェ）	[jɛ]	口を大きめに開けて「イェ」と一気に発音します。 日本語の「イエーイ✌」に近いのはこちらの얘（イェ）です。
에（エ）	[e]	日本語の「エ」と同じです。
예（イェ）	[je]	「イェ」と一気に発音します。
와（ワ）	[wa]	日本語の「ワ」と同じ発音です。
왜（ウェ）	[we]	口をすぼめた「オ」から一気に「ウェ」と発音します。
외（ウェ）	[we]	一気に「ウェ」と発音します。 왜（ウェ）、외（ウェ）、웨（ウェ）の3文字はほぼ同じ発音なので、綴（つづ）りをしっかり覚えましょう。
워（ウォ）	[wɔ]	口をすぼめた「ウ」から一気に「ウォ」と発音します。
웨（ウェ）	[we]	一気に「ウェ」と発音します。
위（ウイ）	[ui]	一気に「ウイ」と発音します。
의（ウィ）	[ɯi]	口を横に広げたまま一気に「ウィ」と発音します。 **注意：** 의（ウィ）が文字の間にはさまれる場合と、単語の最初の文字でㅇ以外の子音と共に発音される場合は이（イ）と発音します。 **例：** 주의하다（チュイハダ）（注意する） 희다（ヒダ）（白い）

〖練習 1〗 合成母音を書いてみましょう。

エ	イェ	エ	イェ	ワ	ウェ	ウェ	ウォ	ウェ	ウイ	ウィ
애	얘	에	예	와	왜	외	워	웨	위	의
애	얘	에	예	와	왜	외	워	웨	위	의

〖練習 2〗 合成母音を使った単語や会話を書いてみましょう。

前売	野外コンサート	ウェディングドレス
イェメ 예매	ヤウェコンソトゥ 야외콘서트	ウェディンドゥレス 웨딩드레스
예매	야외콘서트	웨딩드레스

はい。	なぜですか？	上にいます。
イエ 예.	ウェヨ 왜요?	ウィエ　イッソヨ 위에 있어요.
예.	왜요?	위에 있어요.

これも覚えよう

合成母音を使った単語

イェ イ
얘(이〈この〉 아이〈子ども〉の縮約形)
（アイ）

イェウエ 예외（例外）　ユイェ 유예（猶予）

イウェ 이외（以外）　イェイ 예의（礼儀）

イイ 이의（異議）　ウィイ 의의（意義）

ウイ 우의（寓意（ぐうい））

豆ちしき　ネイティブは、그（ク）아이（アイ）（その子）の縮約形걔（ケェ）をよく使う。개（ケ）（犬）と発音を間違えないよう注意！

鼻音ㄴ/ㅁ/ㅇ3種類と、流音ㄹを学びましょう。

子音（鼻音・流音）

DL. 4

文法ポイント

◆濁らない子音（鼻音・流音）

母音と組み合わせて鼻音・流音の文字を覚えましょう。

鼻音

나	n音	〔na〕：日本語のナ行の音です。
마	m音	〔ma〕：日本語のマ行の音です。
아	φ音	〔a〕：母音と一緒のときは何も発音されません。

流音

라	r音	〔ra〕：日本語のラ行の音です。

これも覚えよう

鼻音・流音を使った単語

나（わたし／僕／俺） 나이（年） 이마（おでこ） 마녀（魔女）
모어（母語） 요리（料理） 무료（無料）

書いてみよう

〖練習1〗 鼻音・流音を書いてみましょう。

ナ 나	ニャ 냐	ノ 너	ニョ 녀	ノ 노	ニョ 뇨	ヌ 누	ニュ 뉴	ヌ 느	ニ 니
나	냐	너	녀	노	뇨	누	뉴	느	니
マ 마	ミャ 먀	モ 머	ミョ 며	モ 모	ミョ 묘	ム 무	ミュ 뮤	ム 므	ミ 미
마	먀	머	며	모	묘	무	뮤	므	미
ア 아	ヤ 야	オ 어	ヨ 여	オ 오	ヨ 요	ウ 우	ユ 유	ウ 으	イ 이
아	야	어	여	오	요	우	유	으	이
ラ 라	リャ 랴	ロ 러	リョ 려	ロ 로	リョ 료	ル 루	リュ 류	ル 르	リ 리
라	랴	러	려	로	료	루	류	르	리

〖練習2〗 鼻音・流音を使った単語や文章を書いてみましょう。

お母さん	有料	私たちの国
オモニ 어머니	ユリョ 유료	ウリナラ 우리나라
어머니	유료	우리나라
頭がいいです。	歌がいいです。	いいえ。
モリガ 머리가 チョアヨ 좋아요.	ノレガ 노래가 チョアヨ 좋아요.	アニヨ 아니요.
머리가 좋아요.	노래가 좋아요.	아니요.

豆ちしき 流音の単語を使ったフレーズ 집에서(チベソ) 요리해요?(ヨリヘヨ) (家で料理しますか?)

子音のうち、平音(へいおん)について学びましょう。

子音（平音）

DL. 5

文法ポイント

◆ 平音は「ガ行・ダ行・バ行・ジャ行・サ行」に近い子音

発音の法則では、ㅅの音（s音）以外の平音は、가가(カガ)のように文字の最初にくる場合は濁らない音（k音）で発音され、母音の次にくる場合は濁る音（g音）で発音されます（P124参照）。

実際の平音は日本語のカ行と濁音のガ行の中間の音であり、日本語ネイティブには区別が難しいので、音声をよく聞いて発音をまねてみましょう。ㅂの音を例に挙げると、口の前に手を当てて日本語で「パン」と発音したときよりも、少ない息の量で発音するのがㅂの音です。

가 (カ・ガ)	k音・g音	k音は息の量が非常にわずかで、g音は日本語のガ行に近い音。
다 (タ・ダ)	t音・d音	t音は息の量が非常にわずかで、d音は日本語のダ行に近い音。
바 (パ・バ)	p音・b音	p音は息の量が非常にわずかで、b音は日本語のバ行に近い音。
자 (チャ・ジャ)	tʃ音・dz音	tʃ音は息の量が非常にわずかで、dz音は日本語のジャ行に近い音。
사 (サ)	s音	日本語のサ行より柔らかく息を吐く音。

これも覚えよう

平音を使った単語

거미(コミ)（蜘蛛(くも)）　다리(タリ)（足/橋）　비누(ピヌ)（石鹸）　자유(チャユ)（自由）　소(ソ)（牛）　가로수(カロス)（街路樹）

비(ピ)（雨）　부모(プモ)（父母）　보리(ポリ)（麦）　자리(チャリ)（席）　소리(ソリ)（音）　다시(タシ)（再び）　서로(ソロ)（お互い）

사자(サジャ)（獅子）　나비(ナビ)（蝶々）　나사(ナサ)（ねじ）　가지(カジ)（なす/枝）

〖練習 1〗 平音を書いてみましょう。

ガ	ギャ	ゴ	ギョ	ゴ	ギョ	グ	ギュ	グ	ギ
가	갸	거	겨	고	교	구	규	그	기
가	갸	거	겨	고	교	구	규	그	기

ダ	デャ	ド	デョ	ド	デョ	ドゥ	デュ	ドゥ	ディ
다	댜	더	뎌	도	됴	두	듀	드	디
다	댜	더	뎌	도	됴	두	듀	드	디

バ	ビャ	ボ	ビョ	ボ	ビョ	ブ	ビュ	ブ	ビ
바	뱌	버	벼	보	뵤	부	뷰	브	비
바	뱌	버	벼	보	뵤	부	뷰	브	비

ジャ	ジャ	ジョ	ジョ	ジョ	ジョ	ジュ	ジュ	ジュ	ジ
자	쟈	저	져	조	죠	주	쥬	즈	지
자	쟈	저	져	조	죠	주	쥬	즈	지

サ	シャ	ソ	ショ	ソ	ショ	ス	シュ	ス	シ
사	샤	서	셔	소	쇼	수	슈	스	시
사	샤	서	셔	소	쇼	수	슈	스	시

＊激音と区別するため、ルビは濁音にしている

〖練習 2〗 平音を使った単語を書いてみましょう。

歌手	歌詞	豆腐
カス 가수	カサ 가사	トゥブ 두부
가수	가사	두부

サイズ	さつまいも	主婦
サイジュ 사이즈	コグマ 고구마	チュブ 주부
사이즈	고구마	주부

豆ちしき 平音を発音するとき、強く息を吐きすぎると激音に聞こえてしまうので注意。

子音のうち、激音について学びましょう。

子音（激音）

DL. 6

文法ポイント

◆ 激音は平音から生まれた音

激音は平音を元にしてできた5つの文字です。元になった平音に形も音もよく似ていますが、「カ行・タ行・パ行・チャ行」より激しく（強く）息が出る音です。

また、ㅎの音（h音/ハ行）も呼気が強い（息がたくさん出る）ため激音に分類されます。激音は外来語に多く使われます。平音と違い、語頭でも語中でも音の変化はありません。

카	kh音	日本語のカ行よりも、息を強く出しながら発音します。
타	th音	日本語のタ行よりも、息を強く出しながら発音します。
파	ph音	日本語のパ行よりも、息を強く出しながら発音します。
차	tʃh音	日本語のチャ行よりも、息を強く出しながら発音します。
하	h音	日本語のハ行と同じ音です。

これも覚えよう

激音を使った単語

코（鼻）　토마토（トマト）　파（ネギ）　치마（スカート）　하마（かば）
키（背）　조카（甥/姪）　코코아（ココア）　도토리（どんぐり）
코트（コート）　사투리（方言）　피서（避暑）　차（車・茶）
기차（汽車）　고추（とうがらし）　기차표（切符）
지하（地下）　호수（湖）　쿠키（クッキー）　노트（ノート）
토스토（トースト）　호두과자（鈴カステラ・クルミ菓子）

〖練習1〗激音を書いてみましょう。

カ	キャ	コ	キョ	コ	キョ	ク	キュ	ク	キ
카	캬	커	켜	코	쿄	쿠	큐	크	키
카	캬	커	켜	코	쿄	쿠	큐	크	키

タ	テャ	ト	テョ	ト	テョ	トゥ	テュ	トゥ	ティ
타	탸	터	텨	토	툐	투	튜	트	티
타	탸	터	텨	토	툐	투	튜	트	티

パ	ピャ	ポ	ピョ	ポ	ピョ	プ	ピュ	プ	ピ
파	퍄	퍼	펴	포	표	푸	퓨	프	피
파	퍄	퍼	펴	포	표	푸	퓨	프	피

チャ	チャ	チョ	チョ	チョ	チョ	チュ	チュ	チュ	チ
차	챠	처	쳐	초	쵸	추	츄	츠	치
차	챠	처	쳐	초	쵸	추	츄	츠	치

ハ	ヒャ	ホ	ヒョ	ホ	ヒョ	フ	ヒュ	フ	ヒ
하	햐	허	혀	호	효	후	휴	흐	히
하	햐	허	혀	호	효	후	휴	흐	히

〖練習2〗激音を使った単語を書いてみましょう。

コーヒー	カフェラテ	Tシャツ
コピ 커피	カペラテ 카페라테	ティショチュ 티셔츠
커피	카페라테	티셔츠

パフェ	肌（皮膚）	午後
パルペ 파르페	ピブ 피부	オフ 오후
파르페	피부	오후

豆ちしき　노점（ノジョム）はトッポギや天ぷら、おでんをその場で立ち食い、もしくはテイクアウトできる屋台のこと。

子音のうち濃音（のうおん）を学びましょう。

子音（濃音）

文法ポイント

◆ 濃音も子音から生まれた音

濃音も平音を元にしてできた5つの文字です。「カ行・タ行・パ行・チャ行・サ行」に非常に似ていますが、日本語ではほとんど使われることがない音で、息がまったくもれないカラスが鳴くような高音が特徴です。発音するとき、単語の前に小さい「ッ」を入れて絞り出すようにすると発音しやすくなります。漢字がない固有語や擬態語、外来語などに使われます。音声をよく聞いて練習してみましょう。

까（ッカ）	[ˀka] ッカ	日本語の「がっかり」の「っか」と近い音。
따（ッタ）	[ˀta] ッタ	日本語の「言った」の「った」と近い音。
빠（ッパ）	[ˀpa] ッパ	日本語の「さっぱり」の「っぱ」と近い音。
짜（ッチャ）	[ˀtʃha] ッチャ	日本語の「まっちゃ」の「っちゃ」と近い音。
싸（ッサ）	[ˀsa] ッサ	日本語の「あっさり」の「っさ」と近い音。

これも覚えよう

濃音を使った単語

까치（ッカッチ）（カササギ）　토끼（トッキ）（うさぎ）　꼬마（ッコマ）（ちびっこ）　코끼리（コッキリ）（象）

따로（ッタロ）（他に・別々に）　뼈（ッピョ）（骨）　뿌리（ップリ）（根）　가짜（カッチャ）（偽物）

아저씨（アジョッシ）（おじさん）　까마귀（ッカマグィ）（カラス）　또（ット）（また）　아까（アッカ）（さっき）

꼬리（ッコリ）（尻尾）　쓰다（ッスダ）（使う）　비싸다（ピッサダ）（〈値段が〉高い）　싸다（ッサダ）（安い）　까다（ッカダ）（むく）

따르다（ッタルダ）（従う）　빠르다（ッパルダ）（早い）　짜다（ッチャダ）（しょっぱい）

＊다（ダ）の音が濁ることについてはP124参照

書いてみよう

〖練習１〗濃音を書いてみましょう。

ツカ	ツキャ	ツコ	ツキョ	ツコ	ツキョ	ツク	ツキュ	ツク	ツキ
까	꺄	꺼	껴	꼬	꾜	꾸	뀨	끄	끼
까	꺄	꺼	껴	꼬	꾜	꾸	뀨	끄	끼

ツタ	ツテャ	ツト	ツテョ	ツト	ツテョ	ツトゥ	ツテュ	ツトゥ	ツティ
따	땨	떠	뗘	또	뚀	뚜	뜌	뜨	띠
따	땨	떠	뗘	또	뚀	뚜	뜌	뜨	띠

ツパ	ツピャ	ツポ	ツピョ	ツポ	ツピョ	ツプ	ツピュ	ツプ	ツピ
빠	뺘	뻐	뼈	뽀	뾰	뿌	쀼	쁘	삐
빠	뺘	뻐	뼈	뽀	뾰	뿌	쀼	쁘	삐

ツチャ	ツチャ	ツチョ	ツチョ	ツチョ	ツチョ	ツチュ	ツチュ	ツチュ	ツチ
짜	쨔	쩌	쪄	쪼	쬬	쭈	쮸	쯔	찌
짜	쨔	쩌	쪄	쪼	쬬	쭈	쮸	쯔	찌

ツサ	ツシャ	ツソ	ツショ	ツソ	ツショ	ツス	ツシュ	ツス	ツシ
싸	쌰	써	쎠	쏘	쑈	쑤	쓔	쓰	씨
싸	쌰	써	쎠	쏘	쑈	쑤	쓔	쓰	씨

〖練習２〗濃音を使った単語を書いてみましょう。

チゲ	～さん	チュー
ツチゲッ 찌개	ツシ 씨	ツポッツポ 뽀뽀
찌개	씨	뽀뽀

卯年/うさぎ年	また会いましょう。	ミニキンパください。
トッキッティ 토끼띠	ツト　マンナヨ 또 만나요.	ツコマキムパプ　ジュセヨ 꼬마김밥 주세요.
토끼띠	또 만나요.	꼬마김밥 주세요.

豆ちしき 韓国の干支の亥は、中国と同じく日本語の「豚」。멧돼지（メッテジ）（猪）ではなく、干支には돼지（テジ）（豚）が使われる。

Lesson 9

基本のパッチムを学びましょう。

パッチム（基本子音のパッチム）

文法ポイント

◆ 基本子音のパッチム

パッチムは、日本語でいう「小さいツ（促音）」や「ン」などの音を表します。例えば「ラーメン」は、韓国語ではパッチムを使うので「라면（ラミョン）」と2文字で表記できます。韓国人の姓に多い김（キム）（金）や박（パク）（朴）などは1文字で表記され、発音するときも1音節です。

パッチムには子音（平音・激音・濃音）がそのままパッチムに使われるものと、別々の子音を2つ使ってできた二重タイプがありますが、実際の発音は[m/n/ ŋ /l/k/t/p]の7種類だけです。

パッチムの次に助詞や、아（ア）、오（オ）などの母音がくる場合は、パッチムの音が次の母音にかかります。これを連音化といいます（P124参照）。例：라면이（ラミョニ） 맛있어요（マシッソヨ）.（ラーメンがおいしいです。）

パッチムの仕組み

子音 ＋ 母音

ㄱ ＋ ㅣ ＝ 기（キ）

子音 ＋ 母音 ＋ 子音（パッチム）

ㄱ ＋ ㅣ ＋ ㅁ ＝ 김（キム）

子音パッチムの種類

n音	ㄴ
m音	ㅁ
ŋ音	ㅇ
l音	ㄹ

-k音	ㄱ　ㅋ　ㄲ
-t音	ㄷ　ㅌ　ㅈ
	ㅊ　ㅅ　ㅆ　ㅎ
-p音	ㅂ　ㅍ

これも覚えよう

パッチムㄴ、ㅇ、ㅁの発音の違いがわからないという質問をたくさんいただきます。

新宿（しんじゅく）の「ん」はㄴ、新橋（しんばし）の「ん」はㅁ、参宮橋（さんぐうばし）の「ん」はㅇの音です。実際に発音してみると、舌の位置や口の形の違いに気がつくと思います。実は日本語ネイティブも、これらのパッチムの音を使い分けているのです。

書いてみよう

〖練習〗 基本のパッチムを使った単語を書いてみましょう。

平音・激音・濃音パッチム		なぞってみよう	書いてみよう	パッチム＋이(が)	パッチム＋은(は)
반（パン）	半	반		반이（パニ）	반은（パヌン）
밤（パム）	夜	밤		밤이（パミ）	밤은（パムン）
방（パン）	部屋	방		방이（パンイ）	방은（パンウン）
발（パル）	足	발		발이（パリ）	발은（パルン）

平音・激音・濃音パッチム		なぞってみよう	書いてみよう
국（クㇰ）	汁	국	
곧（コッ）	すぐ	곧	
입（イㇷ゚）	口	입	
옷（オッ）	服	옷	
낮（ナッ）	昼	낮	
부엌（プオㇰ）	台所	부엌	
밑（ミッ）	下	밑	
꽃（ッコッ）	花	꽃	
숲（スㇷ゚）	森	숲	
히읗（ヒウッ）	ㅎの文字の名称	히읗	
깎다（ッカㇰタ）	削る	깎다	
있다（イッタ）	いる・ある	있다	

豆ちしき　韓国でもインスタントラーメンは人気がある。また、最近は日本式ラーメン店の注目度も高い。

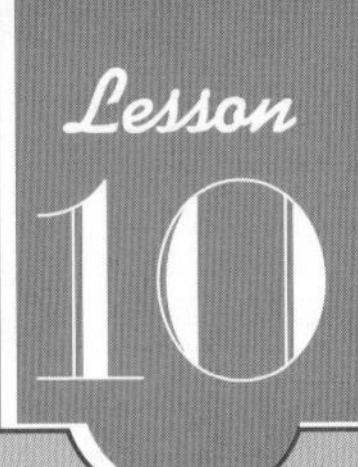

二重パッチムを学びましょう。

二重パッチム

文法ポイント

◆ 二重パッチムは11個ある

二重パッチムは11個ありますが、実際の発音はk音/p音/n音/m音/l音の5種類しかなく、2文字のうちどちらかひとつを発音します。

二重パッチムの種類

ㄱと同じk音の発音	ㄳ / ㄺ	注意❶参照
ㄴと同じn音の発音	ㄵ / ㄶ	
ㅁと同じm音の発音	ㄻ	
ㄹと同じl音の発音	ㄼ / ㄽ / ㄾ / ㅀ	注意❷参照
ㅂと同じp音の発音	ㅄ / ㄿ	

注意❶ㄺパッチムは、次にくる文字がㄱのときはㄹを発音します。

例：읽고（イルコ） 있어요（イッソヨ）.（読んでいます。）

注意❷ㄼパッチムは밟다（パプタ）（踏む）のみㅂを発音し、ほかのㄼパッチムは左側のㄹを発音します。

注意❸二重パッチムの次に助詞や母音で始まる文字がくるときは、2文字どちらも読みながら、2文字目のパッチムが次の母音にかかります。

例：읽어（イルゴ） 주세요（ジュセヨ）.（読んでください。）

例：읽은（イルグン） 적이（チョギ） 있어요（イッソヨ）.（読んだことがあります。）

書いてみよう

〖練習〗　二重パッチムを使った単語を書いてみましょう。

二重パッチム		なぞってみよう	書いてみよう
アンタ 앉다	座る	앉다	
アンタ 않다	～しない	않다	
フク 흙	土	흙	
チョムッタ 젊다	若い	젊다	
ヨドル 여덟	8（8つ）	여덟	
ウェゴル 외곬	一筋に	외곬	
ハルッタ 핥다	なめる	핥다	
ウプッタ 읊다	詠（よ）む	읊다	
イルタ 잃다	なくす	잃다	
オプタ 없다	ない/いない	없다	

Column

趣味について

맛집（マッチプ） 찾아다니기（チャジャタニギ）（食べ歩き）は老若男女を問わず人気がある趣味です。ネット社会の韓国では、個人プログラムを組んでくれる有料の인터넷（イントネッ） 요가（ヨガ）（インターネットヨガ）も趣味として人気があります。スタジオプログラムでは、日本の女性たちにも人気がある필라테스（ピルラテス）（ピラティス）があり、韓国でもスタジオに通って習います。その他にも、ノリノリの音楽に合わせて自転車をこぐ스피닝（スピニン）（エアロバイク）も人気です。

豆ちしき 韓国人に人気がある趣味　登山や音楽鑑賞は趣味として安定した人気がある。

おさらいページ

DL. 10

練習問題 音声を聞きながら基本母音の文字を書いてみましょう。ヒントは発音記号だよ。

❶ 基本母音テスト

①きゅうり［oi］

（　　　　　　）

②牛乳［uyu］

（　　　　　　）

❷ 鼻音・流音テスト

①お母さん［ɔmɔni］

（　　　　　　）

②木［namu］

（　　　　　　）

❸ 平音テスト

①肉［kogi］

（　　　　　　）

②靴［kudu］

（　　　　　　）

❹ 激音テスト

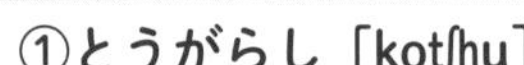

①とうがらし［kotʃhu］

（　　　　　　）

②スキー［suɯkhi］

（　　　　　　）

解答

❶①오이（オイ）　②우유（ウユ）　❷①어머니（オモニ）　②나무（ナム）　❸①고기（コギ）　②구두（クドゥ）　❹①고추（コチュ）　②스키（スキ）

〖가족（家族）〗
（カジョク）

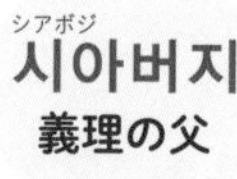

할아버지（ハラボジ）
おじいさん

할머니（ハルモニ）
おばあさん

남편（ナムピョン）
夫

부모님（プモニム）
両親

아내（アネ）
妻

아버지（アボジ）
お父さん

어머니（オモニ）
お母さん

형（ヒョン）
弟から見た兄
仲のいい男の先輩

오빠（オッパ）
妹から見た兄
仲のいい男の先輩

누나（ヌナ）
弟から見た姉
仲のいい女の先輩

언니（オンニ）
妹から見た姉
仲のいい女の先輩

저 / 나（チョ / ナ）
私（わたくし） / わたし

여동생（ヨドンセン）
妹

남동생（ナムドンセン）
弟

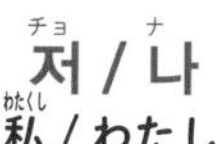

아이（アイ）
子ども

조카（チョッカ）
甥・姪

손자（ソンジャ）
孫

아들（アドゥル）
息子

딸（ッタル）
娘

親しい先輩に対してはそれぞれ名前の後ろに「～兄さん」「～姉さん」をつけて呼びます。

ドウン兄さん ▶도운（ドウン） 형（ヒョン） ／ 도운（ドウン） 오빠（オッパ）

ソネ姉さん ▶선예（ソネ） 누나（ヌナ） ／ 선예（ソネ） 언니（オンニ）

友達同士や年下の兄弟、仲のいい後輩の名前を呼ぶとき

＊日本語の「〇〇ちゃん」のような感覚で名前の後ろにつける文字。先輩など目上の人に使ってはいけない

名前の最後の文字にパッチムがない場合야（ヤ）をつけます。

- 제노（ジェノ） → 제노야（ジェノヤ）
- 효리（ヒョリ） → 효리야（ヒョリヤ）

名前の最後の文字にパッチムがある場合아（ア）をつけます。

- 문빈（ムンビン） → 문빈아（ムンビナ）
- 설연（ソリョン） → 설연아（ソリョナ）

〘 第2章の予習 四大用言 〙

基本の文法用語

韓国語の用言は大まかに4つです。活用形（P62参照）を学びやすくなるので覚えておきましょう。

キダリダ
기다리다（出る）　　モクタ
먹다（食べる）

上のように、名詞以外の用言の基本形は、語幹（다の前の部分すべて）と語尾（다の部分）で構成されています。活用するときは、語尾の다は必ず取ります。

語尾の直前の1文字（黄色マーカーの리、먹）を語幹末といい、活用するときは語尾ではなく、この語幹末を活用します（P114ㄹ変格用言など例外あり）。

四大用言の種類

用言の種類	説明	例
動詞	物事の動作を表す。漢字語を使った하다動詞も動詞に分類される。	가다（行く） 오다（来る）
形容詞	物事の性質や状態を表す言葉。漢字語を使わない固有語が多いのが特徴。	예쁘다（美しい） 높다（高い）
存在詞	「そこにあるかどうか」を表す言葉。肯定形と否定形の2種類がある。 ＊맛있다（おいしい）재미있다（おもしろい）などは日本語では形容詞だが、韓国語の直訳では「味がある」「面白味がある」という存在詞。있다や없다を使う単語も存在詞に分類される	있다 （ある/いる） 없다 （ない/いない）
指定詞	体言（名詞と代名詞）のあとについて断定する言葉。体言の後に必ずつける。肯定形と否定形の2種類がある。 ＊이다はそのまま体言につなげることができる。아니다は体言のあとに이/가（～が）助詞をつけて이/가 아니다となるが、会話の中ではしばしば助詞が省略される	体言＋이다 （～だ） 体言＋이/가 아니다 （～ではない）

part 2

会話の基本

第2章では、会話に必要な「私」などの呼称と助詞、数字を中心に学びます。数字は日本語と同じように「固有数字」と「漢数字」の2種類があるので、がんばって覚えましょう。その他にも韓国旅行やショッピングで使えるフレーズも学びます。

Lesson 1

👉 韓国語の「私」「僕」は使う相手によって形が変わります。

저/제（チョ/チェ）

私（わたくし）

DL. 12

●ソニンが韓国語が上手なヒカルに質問しています。

오빠는 한국사람이에요?（オッパヌン ハングㇰサラミエヨ）
お兄さんは　韓国人ですか？

저는 일본사람이에요.（チョヌン イルボンサラミエヨ）
私は　日本人です。

文法ポイント

①「私」「わたし/僕/俺」「お前」

一人称単数	二人称単数
저（チョ）/ 제（チェ）（私（わたくし））　나（ナ）/ 내（ネ）（わたし・僕・俺）	너（ノ）/ 네（ネ）（お前）

❶ 저（チョ）/나（ナ）/너（ノ）は、次に助詞の가（ガ）が接続されると、文字そのものが제가（チェガ）（私（わたくし）が）내가（ネガ）（僕が）네가（ネガ）（お前が）と変化します。

＊저（チョ）は尊敬語、나（ナ）はパンマル（ためロ）で使う

例：저는（チョヌン） 유키예요（ユキエヨ）.（私はユキです。）제가（チェガ） 유키예요（ユキエヨ）.（私がユキです。）

＊예（イェ）が語中に来るとき、[에（エ）]と発音される

❷ 저의（チョエ）（私の～）のように、所有格の의（エ）（の）が接続されるときも제（チェ）と短縮されます。

例：저의（チョエ） 여동생（ヨドンセン）→제（チェ） 여동생（ヨドンセン）（私の妹）、내（ネ） 여동생（ヨドンセン）（僕の妹）、네（ネー） 여동생（ヨドンセン）（お前の妹）

＊저（チョ）以外は目上の人には使ってはいけない

②「私ども」「わたしたち」

一人称複数は、저희들（チョイドゥル）/저희（チョイ）（私（わたくし）ども）우리들（ウリドゥル）/우리（ウリ）（わたしたち/僕たち）です。

＊複数形の들（ドゥル）はつけてもつけなくても通じる

③「～さん」

職場などでは、お互いフルネームに「さん」をつけて呼び合います。

例：김시원（キムシウォン） 씨（ッシ）（キムシウォンさん）

書いてみよう　次の会話文をなぞってみましょう。

DL. 13

〖練習〗

Q ジヨンさんは韓国人ですか？

A 私は帰国子女です。

지영 씨는 한국사람이에요?（ジヨン ツシヌン ハングㇰサラミエヨ）	저는 재미교포예요.（チョヌン チェミキョッポエヨ）
지영 씨는 한국사람이에요?	저는 재미교포예요.

＊재미교포（チェミキョッポ）（帰国子女/在米韓国人）

練習問題　日本語訳を見て（　　）の中を埋めましょう。

Q：お兄さんたちは日本人ですか？

오빠들은 일본사람이에요?（オッパドゥルン イルボンサラミエヨ）

A：僕たちは韓国人です。

（❶　　　）은 한국사람이에요.（ウン ハングㇰサラミエヨ）

私は中国人です。

（❷　　　）는 중국사람이에요.（ヌン チュングㇰサラミエヨ）

私が中村です。

（❸　　　）가 나카무라예요.（ガ ナカムラエヨ）

解答　❶우리들（ウリドゥル）　＊우리（ウリ）だけでも複数の意味がある

❷저（チョ）　❸제（チェ）　＊助詞の가（ガ）（が）を使うときは저（チョ）が제（チェ）に変わる

発展フレーズ　二人称を使ったフレーズを書いてみましょう。

課長、3時から会議があります。	과장님, 3시부터 회의가 있습니다.（クヮジャンニム セシプト フェイガ イッスムニダ）
あなた、ごはんは食べましたか？	당신, 밥은 먹었나요?（タンシン パブン モゴンナヨ） ＊당신（タンシン）というのは夫婦間でよく使われる呼び方で、英語のyouとは使い方が違うので注意

豆ちしき　小説などで使われる三人称　그（ク）（彼）、그녀（クニョ）（彼女）、그들（クドゥル）（彼ら）、그녀들（クニョドゥル）（彼女ら）

助詞の使い方を学びましょう。

는/은

ヌン　ウン

助詞

DL. 14

●ユキとヒカルが屋台の前で話しています。

ハットグヌン　マシッソヨ
핫도그는 맛있어요.
ハットグは　おいしいです。
キムパブン　マシッソヨ
김밥은 맛있어요.
キンパは　おいしいです。

文法ポイント

① 助詞の使い方

まずは助詞の「は」を例に説明します。「は」には、-는(ヌン)/-은(ウン)の2種類があります。

名詞の最後の文字にパッチムがないとき	名詞の最後の文字にパッチムがあるとき
「-는(ヌン)」を接続する 만두는(マンドゥ ヌン)　（マンドゥは）	「-은(ウン)」を接続する 김밥은(キムパ ブン)　（キンパは）

＊最後の文字にパッチムのある単語の次には母音で始まる助詞がくるので、発音するときは連音化する（P124参照）

② よく使う助詞

連音化は下表黄色参照。音声をよく聞いて連音化の練習をしましょう。

	最後の文字にパッチムのない名詞 例：만두(マンドゥ)（マンドゥ）	最後の文字にパッチムのある名詞 例：김밥(キムパプ)（キンパ）
が	가(ガ) 例：만두가(マンドゥガ)（マンドゥが）	이(イ) 例：김밥이(キムパビ)（キンパが）
は	는(ヌン) 例：만두는(マンドゥヌン)（マンドゥは）	은(ウン) 例：김밥은(キムパブン)（キンパは）
を	를(ルル) 例：만두를(マンドゥルル)（マンドゥを）	을(ウル) 例：김밥을(キムパブル)（キンパを）
と	하고(ハゴ)（名詞を選ばず使える口語的表現）　例：만두하고(マンドゥハゴ) 김밥(キムパプ)（マンドゥとキンパ）	
に（事物・場所）	에(エ)　例：경주에(キョンジュエ)（慶州に）/부산에(プサネ)（釜山に）　한 시에(ハンシエ)（1時に）　가방에(カバンエ)（鞄に）	
に（人物）	에게(エゲ)　例：친구에게(チングエゲ)（友人に）　선생님에게(ソンセンニメゲ)（先生に）	

＊만두(マンドゥ)（饅頭）は蒸し餃子のこと　＊助詞一覧表（P127参照）

次の会話文をなぞってみましょう。

DL. 15

〖練習〗

A ラーメンはおいしいです。

라면은 맛있어요.（ラミョヌン マシッソヨ）

라면은 맛있어요.

B チャプチェはおいしいです。

잡채는 맛있어요.（チャプチェヌン マシッソヨ）

잡채는 맛있어요.

練習問題

日本語訳を見て（　　）の中を埋めましょう。

A：スンドゥブチゲはおいしいです。

순두부찌개（スンドゥブチゲ）（❶　　）맛있어요.（マシッソヨ）

B：サムギョプサルはおいしいです。

삼겹살（サムギョプサル）（❷　　）맛있어요.（マシッソヨ）

解答

❶는（ヌン）　＊찌개（ッチゲ）にはパッチムがないので는（ヌン）をつなげる

❷은（ウン）　＊삼겹살（サムギョプサル）はパッチムがあるので은（ウン）をつなげる

Column

どうして韓国語の助詞はそれぞれ2つずつあるの？

日本語のように助詞がひとつであれば覚えやすくていいのですが、韓国語には助詞が2つなくてはならない理由があります。1章で学んだように、ㄷ、ㅅ、ㅈ、ㅊ、ㅌパッチムの発音は全て-t音なので、仮に助詞が가（ガ）（が）ひとつだけだと、맛가（マッガ）と맞가（マッガ）はどちらも「マッガ」と同じ発音になってしまい、主語が何なのかわかりません。しかし、パッチムのあとに母音で始まる助詞이（イ）（が）をつけることで、맛이、맞이の主語が連音化して、実際の発音は〔마시（マシ）〕、〔마지（マジ）〕と変わり、主語のパッチムが何であるのかが聞き取れるわけです。

豆ちしき 日常会話では助詞が省かれることが多いが、フォーマルな場や、書面では省かない。

買いもので使う言葉と、お金に使う漢数字を学びましょう。

Lesson 3

얼마예요?(オルマエヨ)

いくらですか？

DL. 16

●ユキは化粧品店で買いものをしています。

이(イ) 크림이(クリミ) 얼마예요(オルマエヨ)?
このクリームがいくらですか？

＊日本語だと「は」が自然だが、韓国語の主格助詞は「が」になる

칠천(チルチョ) 원이에요(ノニエヨ).
7,000ウォンです。

＊実際の表記はアラビア数字

文法ポイント

① 漢数字

漢数字とは、日本語の「いち、に、さん…」で、おもにお金と日付に使います。

	0	1	2	3	4	5	6	7	8	9	10
漢数字	영(ヨン)	일(イル)	이(イ)	삼(サム)	사(サ)	오(オ)	육(ユク)	칠(チル)	팔(パル)	구(ク)	십(シプ)

② お金の単位

백 원(ペ ゴン)　百ウォン

천 원(チョ ノン)　千ウォン

만 원(マ ノン)　1万ウォン

이만오천 원(イマノチョ ノン)　2万5千ウォン

＊1万ウォンのときは、日本語とは違い万の前に일(イル)（1）は入らない

③ 漢数字につく助数詞

월(ウォル)㊬（月）、일(イル)㊬（日）、년(ニョン)㊬（年）、원(ウォン)（ウォン）

호선(ホソン)㊬（号線）　＊호선(ホソン)は地下鉄の路線番号

인분(インブン)㊬（人分）　＊인분(インブン)は焼肉や鍋料理などを注文するときに使う

＊㊬のマークがついた単語は漢字語（漢字が元になっている言葉）

次の会話文をなぞってみましょう。

DL.17

〖練習〗

Q このパックがいくらですか？	A 1,500ウォンです。
イ ペギ オルマエヨ 이 팩이 얼마예요?	チョ ノベ ゴォニエヨ 천 오백 원이에요.
이 팩이 얼마예요?	천 오백 원이에요.

練習問題

日本語訳を見て（　　）の中を埋めましょう。

Q：映画のチケットはいくらですか？　**A**：1万ウォンです。

ヨンファ ティケッスン オルマエヨ
영화 티켓은 얼마예요?

(❶　　　) ウォニエヨ 원이에요.

次の数字を韓国語で書いてみましょう。

78,000원(ウォン) → (❷　　　　　 ウォン 원)

3,000원(ウォン) → (❸　　　　　 ウォン 원)

25,000원(ウォン) → (❹　　　　　 ウォン 원)

100,000원(ウォン) → (❺　　　　　 ウォン 원)

解答

❶만(マン)　＊本文ではマノニエヨと連音化する。1万のときは万の前に일(イル)（1）は入らない

❷칠만팔천(チルマンパルチョン)　❸삼천(サムチョン)　❹이만오천(イマノチョン)　❺십만(シムマン)

Column

韓国語ですっぴんは민낯(ミンナッ)といいます。

化粧は화장(ファジャン)、化粧品は화장품(ファジャンプム)、トイレのことは화장실(ファジャンシル)（化粧室）といいます。화장(ファジャン)のような漢字語に하다(ハダ)動詞をつなげると、화장하다(ファジャンハダ)（化粧する）という動詞が作れます。

豆ちしき　漢字語の무료(ムリョ)（無料）は日本語と発音が似ている。同じような意味の공짜(コンッチャ)（タダ）という固有語もある。

Lesson 4

注文するときに使う言葉と固有数字を学びましょう。

하나（ハナ） 주세요（ジュセヨ）.

ひとつください。

DL. 18

●ジョンソクが屋台で注文しています。

떡볶이（トッポッキ） 하나（ハナ） 주세요（ジュセヨ）.
トッポギ ひとつ ください。

맛있게（マシッケ） 드세요（トゥセヨ）.
おまちどうさま。

＊直訳すると「おいしく召し上がってください。」
＊形容詞に第Ⅰ活用＋게（ケ）で副詞が作れる

文法ポイント

① 固有数字

固有数字は、日本語の「1つ、2つ、3つ…」にあたり、物の数を数えるときや注文をするときに使う数字です。

	0	1 (1つ)	2 (2つ)	3 (3つ)	4 (4つ)	5 (5つ)	6 (6つ)	7 (7つ)	8 (8つ)	9 (9つ)	10
固有数字	공（コン）	하나（ハナ） 한（ハン）*	둘（トゥル） 두（トゥ）*	셋（セッ） 세（セ）*	넷（ネッ） 네（ネ）*	다섯（タソッ）	여섯（ヨソッ）	일곱（イルゴプ）	여덟（ヨドル）	아홉（アホプ）	열（ヨル）

＊1〜4の下段は助数詞によって変化した形

② 固有数字につく助数詞

개（ケ）（個）、시간（シガン）（時間）、사람（サラム）（人）、살（サル）（才）、번（ポン）（回/番）
권（クォン）（冊/巻）、병（ピョン）（瓶）

③ 固有数字の注意点

固有数字に助数詞をつけるとき、1〜4と20（스물（スムル））は形が変わります。

한（ハン） 개（ゲ） 주세요（ジュセヨ）. 1個ください。
두（トゥ） 개（ゲ） 주세요（ジュセヨ）. 2個ください。
세（セ） 개（ゲ） 주세요（ジュセヨ）. 3個ください。
네（ネ） 개（ゲ） 주세요（ジュセヨ）. 4個ください。
스무（スム） 개（ゲ） 주세요（ジュセヨ）. 20個ください。

 次の会話文をなぞってみましょう。

DL. 19

〖練習〗

A ハットグ2個ください。

ハットグ　トゥ　ゲ　ジュセヨ
핫도그 두 개 주세요.

핫도그 두 개 주세요.

B おまちどうさま。

マシッケ　トゥセヨ
맛있게 드세요.

맛있게 드세요.

練習問題

日本語訳を見て（　　）の中を埋めましょう。

A：シアホットク3個ください。

シアッホットク　ゲ　ジュセヨ
씨앗호떡*（❶　　　）개 주세요.

B：はい。おまちどうさま。

ネ　マシッケ　トゥセヨ
네. 맛있게 드세요.

*ホットクの中にくだものや野菜の씨앗（種）がたくさん入った体にいいはやりのおやつ

次の数字を韓国語で書いてみましょう。

1 개（1個）→（❷　　　개）

2 권（2冊）→（❸　　　권）

4 시간（4時間）→（❹　　　시간）

解答　❶세　❷한　❸두　❹네　*固有数字に助数詞をつけるとき、1〜4と20（스물）は形が変わる

買いもので便利なフレーズを書いてみましょう。

これひとつください。	イゴ　ハナ　ジュセヨ 이거 하나 주세요.

Column

ショッピングや食堂で注文するときなど、とっさの会話で助数詞を思い出せなくても、固有数字だけで通じます。ネイティブも使う自然な表現です。

豆ちしき 韓国人が恋愛で重要視するのは連絡の頻度。メールなどで10分以内に返信がないと、諦めるという説も。

おさらいページ❶

DL. 20

練習問題 日本語訳を見て（　　）の中を埋めましょう。

❶ Q：お姉さんは韓国人ですか？　A：私は日本人です。

Q：언니는(オンニヌン) 한국사람이에요?(ハングクサラミエヨ)

A：(　　)는(ヌン) 일본사람이에요.(イルボンサラミエヨ)

❷ Q：ジェニさんはアメリカ人ですか？　A：私は帰国子女（在米韓国人）です。

Q：제니(ジェニ)(　　)는(ヌン) 미국사람이에요?(ミグックサラミエヨ)

A：저는(チョヌン) 재미교포예요.(チェミキョッポエヨ)

❸ Q：ドンハさんのお父さんは日本人ですか？　A：私のお父さんは中国人です。

Q：동하(ドンハ) 씨(ッシ) 아버지는(アボジヌン) 일본사람이에요?(イルボンサラミエヨ)

A：(　　)아버지는(アボジヌン) 중국사람이에요.(チュングクサラミエヨ)

❹ Q：ユギョンさんは韓国人ですか？　A：はい。私は韓国人です。

Q：유경(ユギョン) 씨(ッシ)(①　　) 한국사람이에요?(ハングクサラミエヨ)

A：네(ネ). 저(チョ)(②　　)한국사람이에요.(ハングクサラミエヨ)

❺ Q：チーム長は韓国人ですか？　A：私は日本人です。

Q：팀장님(ティムジャンニム)(①　　)한국사람이에요?(ハングクサラミエヨ)

A：저(チョ)(②　　)일본사람이에요.(イルボンサラミエヨ)

❻ Q：課長は中国人ですか？　A：課長はアメリカ人です。

Q：과장님(クヮジャンニム)(①　　)중국사람이에요?(チュングクサラミエヨ)

A：과장님(クヮジャンニム)(②　　) 미국사람이에요.(ミグックサラミエヨ)

解答

❶저(チョ)　❷씨(ッシ)　❸제(チェ)　＊저의(チョエ)（私の～）のように、所有格の의(エ)（の）が接続されるときも제(チェ)と縮約される

❹①는(ヌン)　②는(ヌン)　❺①은(ウン)　②는(ヌン)　❻①은(ウン)　②은(ウン)

おさらいページ 2

DL. 21

練習問題 日本語訳を見て（　　）の中を埋めましょう。

1 Q：このパックはいくらですか？　　A：1,500ウォンです。

Q：이(イ) 팩은(ペグン) 얼마예요(オルマエヨ)?　　A：(　　　)원이에요(ウォニエヨ).

2 Q：このマスカラはいくらですか？　　A：15,000ウォンです。

Q：이(イ) 마스카라는(マスカラヌン) 얼마예요(オルマエヨ)?　　A：(　　　)원이에요(ウォニエヨ).

3 Q：このティントはいくらですか？　　A：7,000ウォンです。

Q：이(イ) 틴트는(ティントゥヌン) 얼마예요(オルマエヨ)?　　A：(　　　)원이에요(ウォニエヨ).

4 Q：ドーナツひとつください。　　A：はい。おまちどうさま。

*直訳は「おいしく召し上がってください。」

Q：도넛(ドノッ)(　　　)주세요(ジュセヨ).　　A：네(ネ). 맛있게(マシッケ) 드세요(トゥセヨ).

5 Q：卵パン2個ください。　　A：はい。おまちどうさま。

Q：계란빵(ケランッパン)(　　　)개(ゲ) 주세요(ジュセヨ).　　A：네(ネ). 맛있게(マシッケ) 드세요(トゥセヨ).

6 Q：ドリップコーヒー1杯ください。　　A：はい。8,000ウォンです。

Q：드립커피(ドゥリプコピ)(①　　　)잔(ジャン) 주세요(ジュセヨ).　　A：네(ネ). (②　　　)원이에요(ウォニエヨ).

解答

1 천오백(チョノベク)　2 만오천(マノチョン)　*1万ウォンのときは、日本語とは違い「1・일(イル)」の数字は入らない

3 칠천(チルチョン)　4 하나(ハナ)　5 두(トゥ)　*固有数詞に助数詞をつけるとき、2は둘(トゥ)から두(トゥ)に形が変わる

6 ①한(ハン)　*固有数詞に助数詞をつけるとき、1は하나(ハナ)から한(ハン)に形が変わる　②팔천(パルチョン)

〖第3章の予習 フォーマルな語尾 합니다体の作り方〗

❶「～です」「～ます」調は2種類ある

韓国語の丁寧な言い方「～です」「～ます」調には、最もフォーマルな語尾である합니다体と親しみを込めた語尾である해요体の2種類があります。

❷ 합니다体の作り方

すべての用言は基本形のまま使うことができないので、活用をするときは必ず語尾の다をとります（P30参照）。

❶語尾다の前にパッチムがないとき

語尾の다を取ってから、-ㅂ니다を接続します。疑問文の場合は-ㅂ니까?を接続し、語尾を上げて発音します。

基本形	합니다体	疑問文
マシダ 마시다 飲む	マシムニダ 마십니다 飲みます	マシムニッカ 마십니까？ 飲みますか？

❷語尾다の前にパッチムがあるとき

語尾の다を取ってから、-습니다を接続します。疑問文の場合は-습니까?を接続し、同じように語尾を上げて発音します。

基本形	합니다体	疑問文
モㇰタ 먹다 食べる	モㇰスムニダ 먹습니다 食べます	モㇰスムニッカ 먹습니까？ 食べますか？

part 3

あいさつや約束の言葉

第3章では、あいさつなどのより実践的なフレーズを学びます。他にも、約束を決めるときに必要な日付や時間を表す言葉や、「こそあど言葉」といわれる「これいくらですか？」「これなんですか？」などの、旅行などでも使える指示代名詞を学びます。

Lesson 1

「こんにちは」など、出会いのあいさつを学びましょう。

アンニョンハセヨ
안녕하세요.

こんにちは。

DL. 22

●初対面の2人が自己紹介をしています。

アンニョンハセヨ　チョヌン
안녕하세요. 저는
こんにちは。　私は
パㇰジョンソギラゴ　ハムニダ
박종석이라고 합니다.
パク・ジョンソクと申します。

チョヌン　タカギ
저는 타카기
私は　高木
ユキラゴ　ハムニダ
유키라고 합니다.
ユキと　申します。

文法ポイント

① 自己紹介のときに使う言葉

이영주(イヨンジュ)などパッチムのない音（母音）で終わる韓国人の姓名と日本人の姓名の場合は名前の次に라고(ラゴ) 합니다(ハムニダ)をつなげ、박재인(パㇰジェイン)などパッチムのある音（子音）で終わる韓国人の姓名の場合は이라고(イラゴ) 합니다(ハムニダ)をつなげます。

名前の最後にパッチムがないとき	名前の最後にパッチムがあるとき
イヨンジュ　ラゴ　ハムニダ **이영주라고 합니다.** イ・ヨンジュ　と　申します。	パㇰジェイニラゴ　ハムニダ **박재인이라고 합니다.** パク・ジェイン　と　申します。

＊ビジネスでもプライベートでも、初対面のあいさつではフォーマルな합니다(ハムニダ)体が使われる（P42参照）

② 1日中使えるあいさつの言葉

アンニョンハセヨ
안녕하세요.（こんにちは。）

＊時間を選ばず1日中使えるだけではなく、お店に入るときにも使える

書いてみよう　次の会話文をなぞってみましょう。

〖練習 1〗

A　こんにちは。私はイ・イングクと申します。

アンニョンハセヨ
안녕하세요.
チョヌン　イイングギラゴ　ハムニダ
저는 이인극이라고 합니다.

안녕하세요.
저는 이인극이라고 합니다.

＊名前の最後にパッチムがあれば이라고（イラゴ） 합니다（ハムニダ）をつける

B　私は村田理恵と申します。

チョヌン　ムラタ　リエラゴ　ハムニダ
저는 무라타 리에라고 합니다.

저는 무라타 리에라고 합니다.

＊日本人の名前は最後にパッチムがないので라고（ラゴ） 합니다（ハムニダ）をつける

〖練習 2〗

はじめまして。私はパク・ヨンインと申します。

チョウム　ペプケッスムニダ
처음 뵙겠습니다.
チョヌン　パクヨンイニラゴ　ハムニダ
저는 박영인이라고 합니다.

처음 뵙겠습니다.
저는 박영인이라고 합니다.

私は植木メイと申します。

チョヌン　ウエキ　メイラゴ　ハムニダ
저는 우에키 메이라고 합니다.

저는 우에키 메이라고 합니다.

その他の出会いのあいさつを書いてみましょう。

お会いできてうれしいです。	マンナソ　パンガプスムニダ 만나서 반갑습니다.

豆ちしき　韓国では初対面で①フルネーム、②年齢、③職業などを伝える。同じ姓の人が多く、上下関係が厳しいため。

Lesson 2

「さようなら」など、別れのあいさつを学びましょう。

アンニョンヒ　カセヨ
안녕히 가세요.

さようなら。

DL. 24

●すっかり意気投合した2人。次はいつ会えるかな…

アンニョンヒ　カセヨ
안녕히 가세요.
さようなら。

アンニョンヒ　ケセヨ
안녕히 계세요.
さようなら。

ット　マンナヨ
또 만나요.
また会いましょう。

文法ポイント

① 2つの「さようなら」

안녕히(アンニョンヒ) 가세요(カセヨ).は直訳すると「元気で行ってください。」という意味で、見送る人が使います。안녕히(アンニョンヒ) 계세요(ケセヨ).は「元気でいてください。」という意味で、去る人が使います。

② その他の別れのあいさつ

アンニョン
안녕! (バイバイ！/元気でね！)

チャル　ガ
잘 가! (じゃあね！) ＊見送る人が使う

チャル　チネ
잘 지내! (じゃあね！) ＊去る人が使う。잘(チャル) 가(ガ)!に対する返答

コンガンハセヨ
건강하세요. (お元気で。) ＊直訳すると「健康でいてください。」

ヨルラッカルケヨ
연락할게요. (連絡しますね。)

＊流音化と激音化の法則（P125 参照）

書いてみよう 次の会話文をなぞってみましょう。

〖練習〗

A さようなら。	B はい。お気をつけて。
アンニョンヒ ケセヨ **안녕히 계세요.**	ネ チョシミ カセヨ **네. 조심히 가세요.**
안녕히 계세요.	네. 조심히 가세요.

＊조심히(チョシミ)は「気をつけて」という意味の副詞

練習問題 日本語訳を見て（　　）の中を埋めましょう。

ヒント! 2つの「さようなら」があります。

A：さようなら。カカオトークしますね。

アンニョンヒ カカオトㇰ ハルケヨ
안녕히 (❶　　　　　). 카카오톡 할게요.

＊할게요(ハルケヨ)は親しい間柄で使う「〜しますね」という意思を表す語尾

B：はい。さようなら。

ネ アンニョンヒ
네. 안녕히 (❷　　　　　).

解答
❶가세요(カセヨ) ＊見送る側の人が使う
❷계세요(ケセヨ) ＊去る側の人が使う。❶と❷解答が逆でも正解

その他の別れのあいさつを書いてみましょう。

体に気をつけてください。	モㇺ チョシマセヨ 몸 조심하세요.
よろしくお伝えください。	アンブ ジョネ ジュセヨ 안부 전해 주세요.
カカオトークするね。	カカオトㇰ ハルケ 카카오톡 할게. ＊若い人同士で使う別れの言葉。語尾の요(ヨ)がないとため口になる

豆ちしき 韓国人はデートや友人同士で遊ぶとき、次の約束をしてから別れる。

Lesson 3

「〜です」「〜ですか？」など、名詞の後に続く語尾を学びましょう。

예요/이에요
エヨ　イエヨ

〜です

DL. 26

●ソニンがヒカルに質問しています。

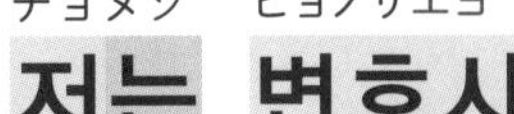

オッパヌン　テハクセンイエヨ
오빠는 대학생이에요?
お兄さんは　大学生ですか？

チョヌン　ピョノサエヨ
저는 변호사예요.
私は　弁護士です。

文法ポイント

① 親しみを込めた「〜です」「〜ですか？」の語尾の使い方

名詞の最後にパッチムがあるとき	名詞の最後にパッチムがないとき
テハクセンイエヨ **대학생이에요.** 大学生です。	ピョノサエヨ **변호사예요.** 弁護士です。

＊疑問文이에요?（イエヨ）/예요?（エヨ）のときは文末に「？」をつけ、語尾を上げて発音する

＊フォーマルな語尾は입니다.（イムニダ）/입니까?（イムニッカ）（です。/ですか？）で、名詞の最後にパッチムがあってもなくても使える（P42参照）

② 語尾にパッチムがある名詞は連音化に注意！

語尾にパッチムのある名詞を発音するとき、連音化が起こります。

例えば、회사원（フェサウォン）（会社員）では、パッチムㄴが이（イ）にかかって니（ニ）と発音されます（P124参照）。

フェサウォン
회사원 → フェサウォニエヨ **회사원이에요.**
会社員　　パッチムが連音化　会社員です。

書いてみよう　次の会話文をなぞってみましょう。

DL. 27

〖練習 1〗

Q 先生は公務員ですか？

A 私は主婦です。

ソンセンニムン　コンムウォニエヨ 선생님은 공무원이에요?	チョヌン　チュブエヨ 저는 주부예요.
선생님은 공무원이에요?	저는 주부예요.

＊선생님은（先生）は学校の先生以外にも、それほど親しくない年上の人にも使う

〖練習 2〗

Q ユリさんは会社員ですか？

A 私は看護師です。

ユリ　ツシヌン　フェサウォニエヨ 유리 씨는 회사원이에요?	チョヌン　カノサエヨ 저는 간호사예요.
유리 씨는 회사원이에요?	저는 간호사예요.

職業に関するフレーズを書いてみましょう。

私は教師です。	チョヌン　キョサエヨ 저는 교사예요.
私は医師です。	チョヌン　ウィサエヨ 저는 의사예요.
私は薬剤師です。	チョヌン　ヤㇰサエヨ 저는 약사예요.
私は検事です。	チョヌン　コㇺサエヨ 저는 검사예요.
私は高校生です。	チョヌン　コドゥンハㇰセンイエヨ 저는 고등학생이에요.
私はワーキングホリデイ中の人です。	チョヌン　ウォホルロエヨ 저는 워홀러예요.

豆ちしき　その他の職業　판매원（販売員）、엔지니어（エンジニア）、요리사（シェフ）、사업가（経営者）、디자이너（デザイナー）

年月日を尋ねる疑問詞と日付を学びましょう。

언제예요?（オンジェエヨ）

いつですか？

DL. 28

●待ちに待った握手会！　ついにユキの順番です。

ペンミティンウン　オンジェエヨ
팬미팅은 언제예요?
ファンミーティングは いつですか？
パロル　シビリエヨ
8 월 10 일이에요.
8月10日です。

文法ポイント

①「月」は6月と10月に注意

년（ニョン）（年）월（ウォル）（月）일（イル）（日）には일（イル）、이（イ）、삼（サム）などの漢数字（P36参照）をそのまま使いますが、6月は육（ユク）（6）が유（ユ）に、십（シプ）（10）が시（シ）に変わるので注意してください。

일월（イロル）（1月）　**이월**（イウォル）（2月）　**삼월**（サムォル）（3月）　**사월**（サウォル）（4月）　**오월**（オウォル）（5月）

유월（ユウォル）（6月）　**칠월**（チロル）（7月）　**팔월**（パロル）（8月）　**구월**（クウォル）（9月）　**시월**（シウォル）（10月）

십일월（シビロル）（11月）　**십이월**（シビウォル）（12月）

＊実際に書くときはハングルではなく、例文のようにアラビア数字を使う

②疑問詞「いつ」

언제（オンジェ）（いつ）は、時を尋ねる疑問代名詞です。언제예요?（オンジェエヨ）（いつですか？）언제입니까?（オンジェイムニッカ）（フォーマルな語尾）の他にも、언제 가요?（オンジェ カヨ）（いつ行きますか？）언제 있어요?（オンジェ イッソヨ）（いつありますか？）のように使うこともできます。

③「年」の表し方

천 구백 년（チョンクベン ニョン）（1900年）や이천 년（イチョン ニョン）（2000年）など、お金と同じように、千の単位には천（チョン）を使い、百の単位には백（ペク）を使います。

次の会話文をなぞってみましょう。

DL. 29

〖練習〗

Q コンサート日はいつですか？

A 10月25日です。

コンヨン ナルッチャヌン オンジェエヨ 공연 날짜는 언제예요?	シウォル イシボイリエヨ 10월 25일이에요.
공연 날짜는 언제예요?	10월 25일이에요.

＊공연(コンヨン) 날짜(ナルッチャ)は「公演の日にち」という意味

練習問題

日本語訳を見て（　　）の中を埋めましょう。

Q：誕生日はいつですか？

생일은(センイルン)（❶　　　　　）예요(エヨ)?

A：1992年6月7日です。

1992년(チョンクベクックシビニョン)（❷　　　　　）월(ウォル) 칠일이에요(チリリエヨ).

次の数字を韓国語で書いてみましょう。

7월(ウォル) 7일(イル)　→　（❸　　　　월(ウォル)　　　　일(イル)）

9월(ウォル) 20일(イル)　→　（❹　　　　월(ウォル)　　　　일(イル)）

❶언제(オンジェ)　❷유(ユ)　＊6月と10月は元の数字から形が変わる

❸칠월(チロル) 칠일(チリル)　❹구월(クオル) 이십일(イシビル)

Column

韓国では生まれ年を尋ねる

몇 년생이에요?(ミョン ニョンセンイエヨ)（何年生まれですか？）は、初めて会ったときによく尋ねられるフレーズです。韓国では数え年を使うので実年齢が分かりづらく、1歳上の先輩にも「〇〇兄さん」「〇〇姉さん」という呼び方（P29参照）をするので、年齢よりも生まれ年を尋ねられることが多いのです。1995 년생이에요.(チョンクベククシボ ニョンセンイエヨ)（1995年生まれです。）と答えてもいいですし、19を省略して95년생이에요.(クシボニョンセンイエヨ)（95年生まれです。）と答えることもあります。

豆ちしき　韓国語の単語は音読みだけなので、日は일(イル)、月は월(ウォル)という読み方だけ。

Lesson 5

時間を尋ねる疑問詞と、時間について学びましょう。

몇 시부터예요?
(ミョッ シプトエヨ)

何時からですか？

DL. 30

●いよいよコンサートがスタート…？

コンソトゥヌン ミョッ シプトエヨ
콘서트는 몇 시부터예요?
コンサートは 何時からですか？
ヨソッシ サムシップニエヨ
6 시 30 분이에요.
6時30分です。

＊時間に使う부터（ブト）（から）はP127参照

文法ポイント

① 疑問詞「何時ですか？」

時間を尋ねるときは **몇 시예요?**（ミョッ シエヨ）（何時ですか？）といいます。

몇（ミョッ）は数を尋ねる疑問詞で、時間を尋ねる他にも、

몇 명이에요?（ミョン ミョンイエヨ）（何名ですか？）や **몇 개예요?**（ミョッ ケエヨ）（何個ですか？）

などでも使います。

＊몇（ミョッ）の発音の変化：ㅊ→ㄴの鼻音化の法則（P126参照）

② 時間に使う数字はややこしい？

「時」には固有数字（P38参照）を使い、「分」には漢数字（P36参照）を使います。

例：**한 시 삼십 분**（ハン シ サムシ ップン）（1時30分） **열두 시 십오 분**（ヨルトゥ シ シボ ブン）（12時15分）

다섯 시 십분 전（タソッ シ シップン ジョン）（5時10分前）

固有数字の1～4は、하나（ハナ）→한 시（ハン シ）（1時）、둘（トゥル）→두 시（トゥ シ）（2時）、셋（セッ）→세 시（セ シ）（3時）、넷（ネッ）→네 시（ネ シ）（4時）と、助数詞の前で形が変わるので注意してください。

また、11は열하나（ヨルハナ）→열한 시（ヨラン シ）（11時）、12は열둘（ヨルトゥル）→열두 시（ヨルトゥ シ）（12時）と形が変わります。

＊時間も実際の表記はアラビア数字を使う

書いてみよう 次の会話文をなぞってみましょう。

DL. 31

〖練習〗

Q コンパは何時からですか？

A 7時からです。

미팅은(ミティンウン) 몇(ミョッ) 시부터예요(シプトエヨ)?

7 시부터예요(イルゴプ シプトエヨ).

미팅은 몇 시부터예요?

7 시부터예요.

練習問題 日本語訳を見て（　　）の中を埋めましょう。

Q：会議は何時からですか？

회의는(フェイヌン)（❶　　）시부터예요(シプトエヨ)?

A：午前11時からです。

오전(オジョン)（❷　　）시부터예요(シプトエヨ).

次の数字を韓国語で書いてみましょう。

1 시(シ) 30 분(プン) →（❸　　시(シ)　　분(プン)）

12 시(シ) 45 분(プン) →（❹　　시(シ)　　분(プン)）

解答

❶몇(ミョッ) ❷열한(ヨラン) ＊固有数字に助数詞がついたときの変化に注意 열하나(ヨルハナ)→열한(ヨラン) 시(シ)（11時）

❸한(ハン) 시(シ) 삼십(サムシ) 분(ップン) ❹열두(ヨルトゥ) 시(シ) 사십오(サシボ) 분(プン) ＊1～4時と11時、12時は形が変わる

Column

24時制はあまり使わない

韓国では、17時、18時などの24時制は日常ではあまり使われません。아침(アッチム)～시(シ)（朝～時）、오전(オジョン)～시(シ)（午前～時）、오후(オフ)～시(シ)（午後～時）、저녁(チョニョク)～시(シ)（夕方～時）という表現を使います。

豆ちしき 予定を尋ねられたときの自然な返事 언제든지(オンジェトゥンジ) 좋아요(チョアヨ).（いつでもいいです。）

場所を尋ねる疑問詞と、指示代名詞について学びましょう。

어디예요?（オディエヨ）

どこですか？

●ジョンソクはヒカルにおすすめのお店を聞いています。

그（ク） 가게는（カゲヌン） 어디예요（オディエヨ）?
その　店は　どこですか？

홍대역（ホンデヨク） 2 번（イボン） 출구예요（チュルグエヨ）.
ホンデ駅　2番　出口です。

文法ポイント

① 場所を表す指示代名詞4つ

여기（ヨギ）（ここ）　**거기**（コギ）（そこ）　**저기**（チョギ）（あそこ）　**어디**（オディ）（どこ）

② 場所を尋ねる疑問詞

場所を尋ねるときには **어디예요？**（オディエヨ）（どこですか？）を使います。

③ その他の場所を表す言葉

場所を表す言葉は必ず名詞の後に接続され、その後ろに助詞の에（エ）（に）や에서（エソ）（で）を接続します。집앞에（チバッペ）（家の前に）の「の」にあたる助詞の의（エ）は通常省略します（P127参照）。

위（ウィ）（上）、**밑**（ミッ）/**아래**（アレ）（下）、**옆**（ヨプ）（横）、**앞**（アプ）（前）、
뒤（トゥィ）（後ろ）、**안**（アン）/**속**（ソク）（中）、**밖**（パク）（外）、**층**（チュン）（階）、
오른쪽（オルンチョク）（右側）、**왼쪽**（ウェンチョク）（左側）、**어느쪽**（オヌチョク）（どちら側）、
동쪽（トンッチョク）（㊅東側）、**서쪽**（ソッチョク）（㊅西側）、**남쪽**（ナムチョク）（㊅南側）、**북쪽**（ブクッチョク）（㊅北側）

＊속（ソク）（中）は머리（モリ）（頭）や마음（マウム）（心の中）など見えないものに使う

＊아래（アレ）（下）は建物などの下の층（チュン）（階）を指すときに使う

書いてみよう　次の会話文をなぞってみましょう。

DL. 33

〖練習〗

Q 私の席はどこですか？

제 자리는 어디예요?（チェ チャリヌン オディエヨ）

제 자리는 어디예요?

A 一番前の席です。

제일 앞 자리예요.（チェイル アプ チャリエヨ）

제일 앞 자리예요.

練習問題　日本語訳を見て（　　）の中を埋めましょう。

Q：トイレはどこですか？

화장실은（❶　　　）예요?（ファジャンシルン　エヨ）

A：2階です。

2층이에요.（イチュンイエヨ）

Q：デパートはどこですか？

백화점은 어디예요?（ペクァジョムン オディエヨ）

A：ミョンドン駅前にあります。

명동역（❷　　　）에 있어요.（ミョンドンヨク　エ イッソヨ）

解答　❶어디（オディ）　❷앞（アプ）

言えそうで言えない、方向や道順を表すフレーズを書いてみましょう。

まっすぐ行ってください。	똑바로 가세요.（トクパロ カセヨ）
突き当たりを曲がってください。	막다른 곳 도세요.（マクタルン ゴッ トセヨ）
次の十字路を曲がってください。	다음 사거리 도세요.（タウム サゴリ トセヨ）

豆ちしき　道を尋ねるときの自然なフレーズ　가로수길은 어디에 있나요?（カロスキルン オディエ インナヨ）（カロス通りはどこにありますか？）

曜日を尋ねる疑問詞と曜日を学びましょう。

무슨 요일이에요?（ムスン ニョイリエヨ）

何曜日ですか？

DL. 34

●ヒカルがユキに、今日は何曜日か確認しています。

オヌルン ムスン ニョイリエヨ
오늘은 무슨 요일이에요?
今日は 何 曜日ですか？
オヌルン スヨイリエヨ
오늘은 수요일이에요.
今日は 水曜日です。

文法ポイント

① 曜日を尋ねる疑問詞

曜日を尋ねるときは疑問詞の무슨（ムスン）（何）を使います。

무슨（ムスン）は、「何」「なんの」「どんな」「どういう」など疑問の意味と、「何か」など不特定のものを指す意味があります。

例：

ムスン ニリ イッソヨ
무슨 일이* 있어요？（何かあるんですか？）

ムスン ニルロ オショッソヨ
무슨 일로* 오셨어요？（どんなご用件で〈いらっしゃったので〉すか？）

＊ㄴの追加（P126参照）

② 曜日

ウォリョイル
월요일（月曜日）

ファヨイル
화요일（火曜日）

スヨイル
수요일（水曜日）

モギョイル
목요일（木曜日）

クミョイル
금요일（金曜日）

トヨイル
토요일（土曜日）

イリョイル
일요일（日曜日）

書いてみよう 次の会話文をなぞってみましょう。

〖練習〗

Q その店は何曜日に休むんですか？

A 月曜日です。

Q	A
ク カゲヌン ムスン ニョイレ ヒュオパナヨ 그 가게는 무슨 요일에 휴업하나요?	ウォリョイリエヨ 월요일이에요.
그 가게는 무슨 요일에 휴업하나요?	월요일이에요.

＊나요?（ナヨ）（～ですか？）はフォーマルな略体語尾で、疑問形で使う

練習問題 日本語訳を見て（　　）の中を埋めましょう。

Q：コンサートは何曜日にするんですか？

コンヨヌン　　　　　　ヨイレ ハナヨ
공연은（❶　　　　）요일에 하나요?

A：土曜日です。

　　　　　イエヨ
（❷　　　　）이에요.

次の曜日を韓国語で書いてみましょう。

金曜日 →（❸　　　　）

水曜日 →（❹　　　　）

❶무슨（ムスン）　❷토요일（トヨイル）　❸금요일（クミョイル）　❹수요일（スヨイル）

韓国では定番の、食事に関するフレーズを書いてみましょう。

食事なさいましたか？	シㇰサハショッソヨ 식사하셨어요? ＊韓国式のもてなしのあいさつ。食事を済ませていなければ誘うのが礼儀とされている
はい。済ませました。	ネ ヘッソヨ 네. 했어요.
いいえ。まだ済ませていません。	アニヨ アジㇰ モッ テッソヨ 아니요. 아직 못 했어요.＊ ＊激音化 P125参照　＊못 먹었어요（モン モゴッソヨ）（食べていません）も可

豆ちしき 最近の韓国では、犬や猫などのペットも家族の一員という位置づけで、伴侶動物と呼ばれるように。

人を尋ねる疑問詞と、指示代名詞について学びましょう。

Lesson 8

ク　サラムン　ヌグエヨ

그 사람은 누구예요?

その人は誰ですか？

DL. 36

● この2人の関係、実は…！

ク　サラムン　ヌグエヨ
그 사람은 누구예요?
その　人は　誰ですか？

イ　サラムン　チェ　ヨドンセンイエヨ
이 사람은 제 여동생이에요.
この　人は　私の　妹です。

文法ポイント

①「この/その」を表す代名詞の仕組み

「この/その/あの/どの」などを表す代名詞の後ろには必ず名詞が接続されます。

「このかばん」や「この人」のように使います。

イ　サラム
이 사람（この人）

ク　サラム
그 사람（その人）

チョ　サラム
저 사람（あの人）

オヌ　サラム
어느 사람（どの人）

② 누구（誰）は人を尋ねる疑問代名詞

「誰が」を尋ねる場合のみ、누구가（ヌグガ）ではなく누가（ヌガ）と形が変わります。

ヌガ　チョアヨ
누가 좋아요?（誰が好きですか？）

누구누구（ヌグヌグ）（誰と誰）などの使い方も覚えておきましょう。

イボン　ヨヘンウン　ヌグヌグ　カヨ
이번 여행은 누구누구 가요?（今度の旅行には誰と誰が行きますか？）

書いてみよう 次の会話文をなぞってみましょう。

DL. 37

〖 練習 〗

Q その人は誰ですか？

ク　サラムン　ヌグエヨ
그 사람은 누구예요?

그 사람은 누구예요?

A この人はボーイフレンドです。

イ　サラムン　ナムジャチングエヨ
이 사람은 남자친구예요.

이 사람은 남자친구예요.

練習問題 日本語訳を見て（　）の中を埋めましょう。

Q：あの人は誰ですか？

チョ　サラムン　エヨ
저 사람은 (❶　　) 예요?

A：あの人は会社の同僚です。

チョ　サラムン　フェサ　トンニョエヨ
저 사람은 회사 동료예요.

Q：その人は誰ですか？

サラムン　ヌグエヨ
(❷　　) 사람은 누구예요?

A：この人は私の姉です。

サラムン　チェ　オンニエヨ
(❸　　) 사람은 제 언니예요.

解答 ❶누구（ヌグ）　❷그（ク）　❸이（イ）　＊우리（ウリ） 언니（オンニ）（私たちの姉）会話では複数形を使うことが多い

誰の持ちものか尋ねるときのフレーズを書いてみましょう。

誰のですか？	ヌグ　ッコエヨ 누구 거예요?
私のです。	チェ　ッコエヨ 제 거예요.
先生のです。	ソンセンニム　ッコエヨ 선생님 거예요.

Column

電話での対応

電話や来客時など、相手が誰であるかを尋ねるときは누구세요?（ヌグセヨ）（どなたですか？）と語尾に尊敬語を使いますが、仕事などフォーマルな場では누구（ヌグ）ではなく어디（オディ）を使い、어디세요?（オディセヨ）（どちら様ですか？）というフレーズを使います。

豆ちしき ひと昔前、ソウルの裏路地にいた똥개（ットンケ）（野良犬）や도둑고양이（トドゥッコヤンイ）（野良猫）は、すっかり姿を消した。

Lesson 9

「何ですか？」という疑問詞と、事物を指す代名詞について学びましょう。

그거(クゴ) 뭐예요(ムォエヨ)?

それ何ですか？

DL. 38

●ジョンソクがおいしそうなものを持っています。

그거(クゴ) 뭐예요(ムォエヨ)?
それ　何ですか？

호두과자예요(ホドゥクヮジャエヨ).
鈴カステラです。

＊호두과자(ホドゥクヮジャ)は鈴カステラのようなクルミ菓子

文法ポイント

①「これ/それ」の仕組み

P58の文法ポイントで学んだ이(イ)、그(ク)、저(チョ)、어느(オヌ)に「もの」を表す것(コッ)を接続すると「これ/それ/あれ/どれ」という意味になります。

会話では것(コッ)のパッチムㅅを省略した形で使うことが多くあります。

이(イ)（この）　＋　것(コッ)（もの）　＝　이것(イゴッ)（これ）　→　이거(イゴ)

그(ク)（その）　＋　것(コッ)（もの）　＝　그것(クゴッ)（それ）　→　그거(クゴ)

저(チョ)（あの）　＋　것(コッ)（もの）　＝　저것(チョゴッ)（あれ）　→　저거(チョゴ)

어느(オヌ)（どの）　＋　것(コッ)（もの）　＝　어느것(オヌゴッ)（どれ）　→　어느거(オヌゴ)

②疑問詞「何ですか？」

韓国語は会話のときに助詞やパッチムを省略・短縮することが多いので、疑問詞무엇(ムオッ)もパッチムㅅを省略し、뭐(ムォ)と短縮して使います。

무엇(ムオッ)→무(ム)＋어(オ)→뭐(ムォ)

書いてみよう　次の会話文をなぞってみましょう。

DL. 39

〖練習〗

Q あれ何ですか？

チョゴ　ムォエヨ
저거 뭐예요?

저거 뭐예요?

A フルーツ飴（砂糖フルーツ）です。

タンフルエヨ
탕후루예요.

탕후루예요.

練習問題　日本語訳を見て（　　）の中を埋めましょう。

Q：これ何ですか？

（❶　　　　）ムォエヨ 뭐예요?

A：手羽先チャーハンです。

タク　ナルゲ　ポックムパビエヨ
닭 날개 볶음밥이에요.

Q：それ何ですか？

（❷　　　　）ムォエヨ 뭐예요?

A：タルトです。

タルトゥエヨ
타르트예요.

解答　❶이거（イゴ）　❷그거（クゴ）

Column

次々と誕生するはやりの食べ物

탕후루（タンフル）は사탕후루츠（サタンフルチュ）（砂糖フルーツ）の略語です。くだものにシロップをかけたフルーツ飴のようなスイーツで、女性を中心にはやっています。

닭 날개 볶음밥（タク ナルゲ ポックムパ）は手羽先にチャーハンを詰めた、日本の手羽先餃子のような見た目の人気メニューです。

豆ちしき　韓国では、化粧も自然であることを追求しているため、メイクですっぴんのような感じを出している。

〖第4章の予習 活用形について〗

韓国語の活用形は主に第Ⅰ、第Ⅱ、第Ⅲ活用の3種類があり、特殊な活用をする用言（P102以降参照）がさらに8種類あります。

ポダ
보다
（見る）

モクタ
먹다
（食べる）

活用するときは必ず、基本形の語尾の다（ダ）を取ります。다（ダ）の前の部分を語幹といい、基本的には다（ダ）の直前の部分である語幹末を活用します。

活用一覧表

活用の種類	基本形	다（ダ）を取る	語幹の変化	
第Ⅰ活用	ポダ **보다** 見る	ポ **보**	なし	
	モクタ **먹다** 食べる	モク **먹**	なし	
第Ⅱ活用	ポダ **보다** 見る	ポ **보** ＊語幹末にパッチムなし	なし	ポ **보**
	モクタ **먹다** 食べる	モク **먹** ＊語幹末にパッチムあり	＋으（ウ）	モグ **먹으**
第Ⅲ活用	タッタ **닫다** 閉める	タッ **닫** ＊語幹末の母音がㅏ/ㅑ/ㅗの陽母音	＋아（ア）	タダ **닫아**
	モクタ **먹다** 食べる	モク **먹** ＊語幹末の母音がㅏ/ㅑ/ㅗ以外の陰母音	＋어（オ）	モゴ **먹어**

part 4

韓国語の活用形

第4章では、基本形の「おいしい」を「おいしいです」や「おいしかったです」などのように、会話で使う形に変える活用形について学びます。韓国語の活用形は3種類しかないので、法則をしっかり理解すればすぐに文章を組み立てて話せるようになりますよ。

Lesson 1

「～したい」という希望を表す第Ⅰ活用の作り方を学びます。

아이섀도우가 갖고 싶어요.

アイシェドウガ　カッコ　シッポヨ

アイシャドウが欲しいです。

DL. 40

● ユキとソニンはショッピングに来ています。

갖고 싶은 거 있어요?
カッコ シップン ゴ イッソヨ
欲しい もの ありますか？

＊갖고 싶은 거（欲しいもの、것の略体形）
形容詞の現在連体形はP118参照

네. 아이섀도우가 갖고 싶어요.
ネ　アイシェドウガ　カッコ　シッポヨ
はい。アイシャドウが 欲しいです。

＊갖다は가지다（持つ）の短縮形
＊正しい文法では을/를 갖고 싶어요（～を欲しい）だが、一般会話でよく使われる이/가 갖고 싶어요（～が欲しい）を掲載する

文法ポイント

① 第Ⅰ活用の作り方

第Ⅰ活用は、基本形から語尾の다を取った形のことをいいます。

갖다（カッタ）→ 갖（カッ）　　보다（ポダ）→ 보（ポ）
持つ　　見る

②「～したい」の作り方

希望を表すときは、第Ⅰ活用に-고 싶다（～したい）をつけます。日常の会話の場合は、語尾に-고 싶어요.（～したいです。）を接続します。

❶まずは語尾の다を取る（第Ⅰ活用形にする）	❷「～したい」を表す -고 싶다をつける	❸語尾を싶어요にして、会話形にする
갖다（カッタ） 持つ	갖（カッ）＋ 고（コ） 싶다（シプタ） 持ち　たい	갖고 싶어요（カッコ シッポヨ） 欲しいです　＊直訳は「持ちたいです」
보다（ポダ） 見る	보（ポ）＋ 고（コ） 싶다（シプタ） 見　たい	보고* 싶어요（ポゴ シッポヨ） 見たいです　＊고の濁音化（P124参照）

書いてみよう 次の会話文をなぞってみましょう。

DL. 41

〖練習〗

Q 欲しい化粧品ありますか？

カッコ シップン ファジャンプム イッソヨ
갖고 싶은 화장품 있어요?

갖고 싶은 화장품 있어요?

A ファンデーションが欲しいです。

パウンデイショニ カッコ シッポヨ
파운데이션이 갖고 싶어요.

파운데이션이 갖고 싶어요.

練習問題 日本語訳を見て（　　）を埋めましょう。

Q：欲しいパックありますか？

カッコ シップン ペク イッソヨ
갖고 싶은 팩 있어요?

A：モデリングパックが欲しいです。

モデルリンペギ
모델링팩이（❶　　　　　　　　）.

Q：食べたいもの（が）ありますか？

モッコ シップン ゴ イッソヨ
먹고 싶은 거 있어요?

A：ジャージャー麺が食べたいです。

ッチャジャンミョニ
짜장면이（❷　　　　　　　　）.

ヒント！ 먹다（モクタ）（食べる）

解答 ❶갖고 싶어요（カッコ シッポヨ） ❷먹고 싶어요（モッコ シッポヨ）

いろいろなメイク用品で「～が欲しいです。」を書いてみましょう。

ティント欲しいです。	ティントゥ カッコ シッポヨ 틴트 갖고 싶어요.
クッションファンデーションが欲しいです。	クション パウンデイショニ カッコ シッポヨ 쿠션 파운데이션이 갖고 싶어요.
ニキビパッチ欲しいです。	ヨドゥルム ペチ カッコ シッポヨ 여드름 패치 갖고 싶어요.

＊会話ではしばしば助詞が省略されます

豆ちしき 美容大国・韓国では美容皮膚科・外科が身近な存在。医療界でもっとも伸びている分野は整形外科、皮膚科。

Lesson 2

「〜れば」「〜たら」などの仮定を表す第Ⅱ活用の作り方を学びます。

ハンググゲ カミョン ムォ ハゴ シッポヨ

한국에 가면 뭐 하고 싶어요?

韓国に行ったら何したいですか？

DL. 42

●ユキは故郷にいるお母さんと電話しています。

ハングゲ カミョン ムォ
한국에 가면 뭐
韓国に 行ったら 何
ハゴ シッポヨ
하고 싶어요?
したいですか？

カロスキレ カゴ シッポヨ
가로수길에 가고 싶어요.
カロス（街路樹）通りに 行きたいです。

文法ポイント

① 第Ⅱ活用の作り方

第Ⅱ活用は、基本形から語尾の다（ダ）を取り、動詞の最後にパッチムがなければそのまま、パッチムがあれば으（ウ）を接続します。

❶最後にパッチムがない動詞→基本形から다（ダ）を取る

カダ　カ
가다 → 가
行く

❷最後にパッチムがある動詞→基本形から다（ダ）を取り、次に으（ウ）を接続する

イッタ　イッ　ウ　イッス
있다 → 있 + 으 → 있으
ある

② 仮定の「〜れば」「〜たら」の作り方（第Ⅱ活用+면）

仮定の意味を表すときは第Ⅱ活用に-면（ミョン）を接続します。면（ミョン）の前にくる文は過去形（P90参照）でも構いません。

イッタ　イッ　ウ　ミョン　イッスミョン
있다 → 있 + 으 + 면 → 있으면
ある　あれば

시간이（シガニ） 있으면（イッスミョン） 드라마를（ドゥラマルル） 보고（ポゴ） 싶어요（シッポヨ）.（時間があればドラマを見たいです。）

書いてみよう　次の会話文をなぞってみましょう。

DL. 43

〖練習〗

Q ソウルに行ったら何したいですか？

ソウレ　カミョン　ムォ　ハゴ　シッポヨ
서울에 가면 뭐 하고 싶어요?

서울에 가면 뭐 하고 싶어요?

A 汗蒸幕（ハンジュンマク）に行きたいです。

ハンジュンマゲ　カゴ　シッポヨ
한증막에 가고 싶어요.

한증막에 가고 싶어요.

練習問題　下線部の基本形を第Ⅱ活用＋면を使って仮定形にしましょう。

ヒント！ 있다（イッタ）（ある）、여름 방학이 되다（ヨルム パンハギ トェダ）（夏休みになる）

Q：お金があったら何したいですか？

トニ　イッタ　ミョン　ムォ　ハゴ　シッポヨ
돈이（있다 → ❶　　　　）면 뭐 하고 싶어요?

A：友だちと一緒にソウルに行きたいです。

チングハゴ　カッチ　ソウレ　カゴ　シッポヨ
친구하고 같이 서울에 가고 싶어요.

Q：夏休みになったら何したいですか？

ヨルム　パンハギ　トェダ　ミョン　ムォ　ハゴ　シッポヨ
여름 방학이（되다→ ❷　　　　）면 뭐 하고 싶어요?

A：ソウル公演行きたいです。

ソウル　コンヨン　カゴ　シッポヨ
서울 공연 가고 싶어요.

解答　❶있으（イッス）　＊-면（ミョン）（～れば/～たら）は第Ⅱ活用を使った文型なので、語幹末（다の直前）にパッチムがあるときは으（ウ）が入る　❷되（トェ）

道行く人に撮影をお願いしたいときに便利なフレーズを書いてみましょう。

ちょっと写真撮っていただけますか？	サジン　チョム　ッチゴ　ジュシゲッソヨ 사진 좀 찍어 주시겠어요?

豆ちしき　ソウルの종로（チョンノ）（鐘路）周辺は、古民家が並ぶ인사동（インサドン）（仁寺洞）などフォトスポットが多い。

Lesson 3

一般的な会話で使われる해요(ヘヨ)体と第Ⅲ活用を学びましょう。

다음달(タウムダル) 콘서트(コンソトゥ) 가요(カヨ)?

DL.44

来月コンサート行きますか？

●ソニンはサイン会に来ています。

タウムダル コンソトゥ カヨ
다음달 콘서트 가요?
来月コンサート行きますか？
チングハゴ カッチ カヨ
친구하고 같이 가요.
友だちと一緒に行きます。

文法ポイント

① 第Ⅲ活用の作り方

第Ⅲ活用は基本形から語尾の다(ダ)を取ります。次に다(ダ)の前が陽母音（ㅏ/ㅑ/ㅗの3種類）なら아(ア)、陰母音（ㅏ/ㅑ/ㅗ以外の母音）なら어(オ)を接続します。

❶動詞の最後が陽母音（ㅏ/ㅑ/ㅗの3種類）のとき→語幹に아(ア)を接続する

基本形			語幹		해요体
パッタ 받다 受ける	→	받(ㅏ/ㅑ/ㅗの陽母音) + 아	→ 받아	+ 요 →	パダヨ 받아요 受けます

❷動詞の最後が陰母音（ㅏ/ㅑ/ㅗ以外の母音）のとき→語幹に어(オ)を接続する

基本形			語幹		해요体
モクタ 먹다 食べる	→+	먹(陰母音) + 어	→ モゴ 먹어	+ 요 →	モゴヨ 먹어요 食べます

❸하다(ハダ)の第Ⅲ活用の作り方

하다(ハダ)は特殊な変化をするのでそのまま暗記しましょう。

基本形	語幹		해요体
ハダ 하다 する	→ ヘ 해	+ 요 →	ヘヨ 해요 します

② 해요体の作り方

カジュアルで親しみを込めた語尾である해요(ヘヨ)体は、一般会話で最も使われる語尾です。第Ⅲ活用をしてから요(ヨ)を接続します。疑問文は「？」をつけて、語尾を上げて発音します。

書いてみよう　次の会話文をなぞってみましょう。

DL. 45

〖練習〗

Q ランチに何食べますか？

チョムシメ　ムォ　モゴヨ
점심에 뭐 먹어요?

점심에 뭐 먹어요?

A タッカンマリを食べます。

タッカンマリルル　モゴヨ
닭한마리를 먹어요.

닭한마리를 먹어요.

練習問題　下線部の基本形を해요体にしましょう。

Q：午後に何しますか？

オフエ　ムォ　ハダ
오후에 뭐 (하다→❶　　　)?

A：チョンノで映画を観ます。

チョンノエソ　ヨンファルル　ポダ
종로에서 영화를 (보다→❷　　　).

解答　❶해요（ヘヨ）　❷봐요（ポァヨ）　＊下記「これも覚えよう」参照

これも覚えよう

① 母音の同化

語幹末にパッチムがなく、다（ダ）の直前の母音がㅏかㅓのときに、第Ⅲ活用をすると、同じ母音が続くので同化現象が起こります。

カダ　カア　カ
가다(行く)→**가아**→**가**　＊ㅏと아（ア）が同化

ソダ　ソオ　ソ
서다(止まる)→**서어**→**서**　＊ㅓと어（オ）が同化

② 合成母音化

第Ⅲ活用でㅏかㅓを接続した後、文字を縮められる用言は、それぞれ合成母音化します。

オダ　オア　ワ
오다(来る)→**오아**→**와**　＊ㅗとㅏは合成母音ㅘに変化

ペウダ　ペウオ　ペウォ
배우다(学ぶ)→**배우어**→**배워**　＊ㅜとㅓは合成母音ㅝに変化

マシダ　マシオ　マショ
마시다(飲む)→**마시어**→**마셔**　＊ㅣとㅓは母音ㅕに変化

トェダ　トェオ　トウェ
되다(なる)→**되어**→**돼**　＊ㅚとㅓは合成母音ㅙに変化

＊되다（トェダ）は되어（トェオ）でもいいとされている

豆ちしき【고답이（コダビ）】고구마（コグマ） 답답이（タッタビ）（さつまいもは〈ぼそぼそと〉息苦しい）の略語で、融通がきかない人や状況。

Lesson 4

形容詞を使って、会話で使われる親しみをこめた語尾해요体を学びましょう。

그 가게는 깨끗해요?

その店はきれいですか？

DL. 46

●ヒカルがグルメ通のジョンソクに尋ねています。

ク　カゲヌン　ツケックッテヨ
그 가게는 깨끗해요?
その　店は　きれいですか？

ネ　マッド　チョアヨ
네. 맛도 좋아요.
はい。　味も　いいです。

文法ポイント

① 해요体のおさらい

깨끗하다（きれいだ）は하다形容詞なので、해요体（〜です）にするときは하が해に変わります。

たとえば、좋다（いい）を해요体にするときは、まず다の前の좋に使われている母音がㅏ、ㅑ、ㅗかを確認します。좋の母音は陽母音ㅗなので、아を接続してから해요体の語尾요をつけます。

基本形		해요体
チョッタ 좋다 → 좋（陽母音） + 아 + 요 →		チョアヨ 좋아요
いい		いいです

② 形容詞の反意語

깨끗하다（きれいだ）の反対は더럽다（汚い）、좋다（いい）の反対は나쁘다（悪い）のように、多くの形容詞には反意語（対義語）があります。

③「〜も」を表す助詞도

도を名詞の後につけると、저도 가요.（私も行きます。）や성격도 좋아요.（性格もいいです。）のように、追加の意味を表すことができます。

書いてみよう　次の会話文をなぞってみましょう。

DL. 47

〖 練習 〗

Q その人は誠実ですか？

ク　サラムン　ソンシレヨ
그 사람은 성실해요?

그 사람은 성실해요?

A はい。とても優しいです。

ネ　アジュ　チャッケヨ
네. 아주 착해요.

네. 아주 착해요.

練習問題　下線部の基本形を해요体にしましょう。

Q：その人は頑固ですか？

ク　サラムン　コジビ　セダ
그 사람은 고집이 (<u>세다</u>? → ❶　　　　　　　　)?

A：はい。でも魅力があります（直訳：でも魅力が多いです）。

ネ　クレド　メリョギ　マンタ
네. 그래도 매력이 (<u>많다</u> → ❷　　　　　　　　).

次の形容詞の基本形を해요体にしましょう。

性格がいい（ソンキョギ チョッタ **성격이 좋다** → ❸　　　　　　　　）

高い（ピッサダ **비싸다** → ❹　　　　　　　　）

小さい（チャクタ **작다** → ❺　　　　　　　　）

優しい/にこやかだ（サンニャンハダ **상냥하다** → ❻　　　　　　　　）

解答

❶세요(セヨ)　＊第Ⅲ活用母音の同化（P69参照）　❷많아요(マナヨ)
❸성격이 좋아요(ソンキョギ チョアヨ)　❹비싸요(ピッサヨ)　❺작아요(チャガヨ)　❻상냥해요(サンニャンヘヨ)

Column

日本のSNSでも얼짱(オルッチャン)（顔がいい人）、몸짱(モムッチャン)（スタイル抜群）という言葉がはやりました。その他にも外見を形容する言葉を知っておくと楽しいですよ。
팔등신이에요.(パルドゥンシニエヨ)（八頭身です。）、**다리가**(タリガ) **길어요.**(キロヨ)（脚が長いです。）、
아담해서(アダメソ) **귀여워요.**(クィヨウォヨ)（小顔でかわいいです。）、**뼈가**(ッピョガ) **얇아요.**(ヤルバヨ)（華奢(きゃしゃ)です。）、
건강미가(コンガンミガ) **있어요.**(イッソヨ)（健康的です〈直訳：健康美があります〉。）

豆ちしき　韓国では트위터(トゥウィト)（Twitter）よりも인스타그램(インスタグレム)（Instagram）を利用する人が多い。

Lesson 5

お店などで商品があるかを尋ねるときに使う存在詞있다（イッタ）を学びましょう。

인기 색이 있어요?

イッキ セギ イッソヨ

人気色がありますか？

●ユキが店員さんに尋ねています。

インキ セギ イッソヨ
인기 색이 있어요?
人気 色が ありますか？

イ セギ アジュ インキ イッソヨ
이 색이 아주 인기 있어요.
この 色が とても 人気 あります。

文法ポイント

① 있어요?（ありますか？）の使い方

맥주（メクチュ） 있어요（イッソヨ）?（ビールありますか？）、미백팩（ミベクペク） 있어요（イッソヨ）?（美白パックありますか？）のように、있어요（イッソヨ）? の前に欲しい物の名前をつけます。

② 人にも使える

상우（サンウ） 씨（ッシ） 있어요（イッソヨ）?（サンウさんいますか？）、여자친구（ヨジャチング） 있어요（イッソヨ）？（彼女いますか？）のように、人に対しても使えます。

③ 해요体のおさらい

있다（イッタ）（ある/いる）を해요（ヘヨ）体（～です）にするときは、다（ダ）の前の있に使われている母音がㅏ、ㅑ、ㅗの陽母音か、それ以外の陰母音かを確認します。있（イッ）に使われているのは陰母音ㅣなので、어（オ）を接続してから해요（ヘヨ）体の語尾요（ヨ）をつけます。

基本形　　　　　　　　　　　　　　해요体

イッタ　　　　（陰母音）　　　　　　イッソヨ
있다 → 있 ＋ 어 ＋ 요 → 있어요
ある/いる　　　　　　　　　　　　ありま す/います

書いてみよう　次の会話文をなぞってみましょう。

DL. 49

〖練習 1〗

A ミンジュンさんのお兄さんはおもしろいです。

ミンジュン ッシ　オッパヌン　チェミイッソヨ
민준 씨 오빠는 재미있어요.

민준 씨 오빠는 재미있어요.

B 女子にモテません（直訳：人気がありません）。

ヨジャエゲ　インキガ　オプソヨ
여자에게 인기가 없어요.

여자에게 인기가 없어요.

〖練習 2〗

Q 土曜日に時間がありますか？

トヨイレ　シガニ　イッソヨ
토요일에 시간이 있어요?

토요일에 시간이 있어요?

A ごめんなさい。用事があります。

ミアネヨ　ポルリリ　イッソヨ
미안해요. 볼일이 있어요.

미안해요. 볼일이 있어요.

人を表すフレーズを書いてみましょう。

お兄さんはかっこいいです。	オッパヌン　モシッソヨ 오빠는 멋있어요.
お兄さんは雰囲気があります。	オッパヌン　プニギガ　イッソヨ 오빠는 분위기가 있어요.
お兄さんは明るい性格です。	オッパヌン　パルグン　ソンキョギエヨ 오빠는 밝은 성격이에요.
お兄さんは甘えん坊です。	オッパヌン　オリグヮンジェンイエヨ 오빠는 어리광쟁이에요.
お兄さんは几帳面な人です。	オッパヌン　ッコムッコマン　サラミエヨ 오빠는 꼼꼼한 사람이에요.

豆ちしき 性格を表す言葉　온화한（オナナン） 성격（ソンキョク）（穏やかな性格）、이기적인（イギチョギン） 사람（サラム）（自己中心的な人）、성실한（ソンシラン） 사람（サラム）（誠実な人）

おさらいページ

練習問題

DL. 50

1 例を見て、単語の基本形を第Ⅰ活用にしましょう。

ヒント! 第Ⅰ活用は、基本形の語尾の다(ダ)を取るだけです。
例：飲む （마시다(マシダ)→마시(マシ)）

見る(보다(ポダ)→①　　　　)　　電話する(전화하다(チョナハダ)→②　　　　)

2 第Ⅰ活用 - 고 싶다を使って、고 싶어요「〜したいです」という文章を完成させましょう。

例：釜山に行きたいです。부산에(プサネ) (가다(カダ)→가고 싶어요(カゴ シッポヨ)).

韓国語を勉強したいです。　한국말을(ハングンマルル) (공부하다(コンブハダ)→①　　　　).

彼氏に電話したいです。　남자친구에게(ナムジャチングエゲ) (전화하다(チョナハダ)→②　　　　).

3 例を見て、単語の基本形を第Ⅱ活用にしましょう。

ヒント! 第Ⅱ活用では、語尾の다(ダ)の前にパッチムがあれば次に으(ウ)が入ります。
例：行く （가다(カダ)→가(カ)）　食べる （먹다(モクタ)→먹으(モグ)）

合格する(합격하다(ハプッキョカダ)→①　　　　)　　受ける/もらう(받다(パッタ)→②　　　　)

4 第Ⅱ活用 - 면を使って、「〜れば」「〜たら」という仮定形の文章を完成させましょう。

例：釜山に行ったら友だちに会いたいです。　부산에(プサネ) (가다(カダ) 면(ミョン) →가면(カミョン)) 친구를(チングルル) 보고(ポゴ) 싶어요(シッポヨ).

試験に受かったらデートしたいです。
시험에(シホメ)　(합격하다(ハプッキョカダ) 면(ミョン)→①　　　　) 데이트하고(デイトゥハゴ) 싶어요(シッポヨ).

メール受け取ったら返信ください。
메일(メイル) (받다(パッタ) 면(ミョン)→②　　　　) 답장(タプチャン) 주세요(ジュセヨ).

5 例を見て、単語の基本形を第Ⅲ活用にしましょう。

ヒント! 第Ⅲ活用は基本形から語尾の다(ダ)を取ります。次に다(ダ)の前の母音を確認して、陽母音なら아(ア)を接続し、陰母音なら어(オ)を接続します。
例：受ける（받다(パッタ)→받아(パダ)）、食べる（먹다(モクタ)→먹어(モゴ)）

来る(오다(オダ)→①　　　　)　　寝る(자다(チャダ)→②　　　　)

6 第Ⅲ活用を使って해요体の文章を完成させましょう。

例：ランチにビビンバを食べます。점심에(チョムシメ) 비빔밥을(ビビムパプル) (먹다(モクタ)→먹어요(モゴヨ)).

日曜日に友だちが来ます。
일요일에(イリョイレ) 친구가(チングガ) (오다(オダ)→①　　　　).

11時には寝ます。
11 시에는(ヨランシエヌン) (자다(チャダ)→②　　　　).

解答

1 ①보(ポ)　②전화하(チョナハ)　2 ①공부하고 싶어요(コンブハゴ シッポヨ)　②전화하고 싶어요(チョナハゴ シッポヨ)　3 ①합격하(ハプキョッカ)　②받으(パドゥ)
4 ①합격하면(ハプキョッカミョン)　②받으면(パドゥミョン)　5 ①와(ワ)　＊오아(オア)は合成母音になる　②자(チャ)　＊자아(チャア)となるので同じ母音は同化する
6 ①와요(ワヨ)　②자요(チャヨ)

part 5

否定形と尊敬語

第5章では、第4章で学んだ3種類の活用形を使った否定形と、会話には欠かせない尊敬語などを学びます。疑問文の語尾を否定形にすることで、より会話の中で丁寧なニュアンスを表すこともできます。

Lesson 1

会話でよく使われる短い否定形안(アン)を学びましょう。

저녁을 안 먹어요?
チョニョグル アン モゴヨ

晩ごはんを食べないんですか？

DL. 51

●ユキがあまりごはんを食べていません。

ウェ チョニョグル
왜 저녁을
どうして晩ごはんを
アン モゴヨ
안 먹어요?
食べないんですか？

ダイオトゥチュンイエヨ
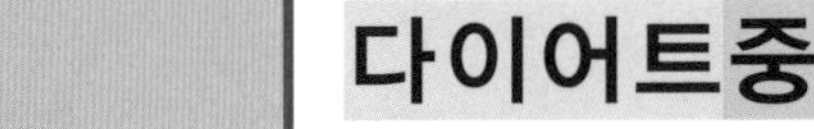

ダイエット中です。

文法ポイント

① 否定形の作り方　안＋用言

안(アン)を使った短い否定形は、おもに会話で使われます。用言（動詞・形容詞）の前に안(アン)をつけるだけです。疑問文は「？」をつけて語尾を上げて発音します。

基本形	해요体	否定形	疑問形
カダ **가다** 行く	カヨ **가요** 行きます	アン ガヨ **안 가요** 行きません	アン ガヨ **안 가요?** 行きませんか？

② 하다動詞の否定形の作り方

공부하다(コンブハダ)（勉強する）など하다(ハダ)で終わる用言（하다(ハダ)動詞）を안(アン)で否定する場合は、必ず하다(ハダ)の直前に안(アン)を入れます。

基本形	해요体	否定形	疑問形
コンブハダ **공부하다** 勉強する	コンブヘヨ **공부해요** 勉強します	コンブ アン ヘヨ **공부 안 해요** 勉強しません	コンブ アン ヘヨ **공부 안 해요?** 勉強しませんか？

③ 합니다体

ニュースや公式な場でアナウンサーなどが使うフォーマルな語尾（합니다(ハムニダ)体）は、안(アン) 갑니다(カムニダ). /안(アン) 갑니까(カムニッカ)?（行きません。/行きませんか？）です。

書いてみよう　次の会話文をなぞってみましょう。

DL. 52

〖練習〗

Q まだ家に帰らないのですか？	A はい。仕事が多いです。
アジク チベ アン ガヨ 아직 집에 안 가요?	ネ イリ マナヨ 네. 일이 많아요.
아직 집에 안 가요?	네. 일이 많아요.

練習問題　日本語訳を見て（　）の中を埋めましょう。

どうして学校に来ないのですか？

ウェ ハッキョエ　　　　　　ワヨ
왜 학교에 (❶　　　　　　) 와요?

例を見ながら下線部を短い形の否定文にしましょう。

例：私はお酒を飲みません。저는 술을 (마셔요→안 마셔요).

明日は会社に行きません。　내일은 회사에 (갑니다→❷　　　　　).

私は化粧しません。　저는 (화장해요→❸　　　　　).

お盆は忙しくありません。　추석은 (바빠요→❹　　　　　).

解答　❶안　❷안 갑니다　❸화장 안 해요　＊해요のㅎが弱化し、連音化する　＊하요の直前に안を入れる
❹안 바빠요

お会計のときに使うフレーズを書いてみましょう。

ここ、お会計お願いします。	ヨギ ケサネ ジュセヨ 여기, 계산해 주세요.　＊テーブル会計をするときに使う
私がおごります。	チェガ サルッケヨ 제가 살게요.
別々にお会計できますか？	ッタロッタロ ケサネ ジュシル ス イッソヨ 따로따로 계산해 주실 수 있어요?

豆ちしき　会食では、年長者が会計を済ませるのが一般的だったが、最近は別々に会計することも増えている。

Lesson 2

長い形の否定形は会話で使うとより丁寧なニュアンスになります。

집에서 요리하지 않아요?

チベソ ヨリハジ アナヨ

家で料理しないのですか？

DL. 53

●ユキがジョンソクと話しています。

집에서 요리하지 않아요?（チベソ ヨリハジ アナヨ）
家で 料理しないの ですか？

시간이 없어요.（シガニ オプソヨ）
時間が ありません。

文法ポイント

① 長い形の否定形の作り方　第Ⅰ活用-지 않다

第Ⅰ活用を使うので、用言の基本形から語尾の다（ダ）を取って지 않아요（チ アナヨ）（합니다体（ハムニダ）は지 않습니다（チ アンスムニダ））を接続します（P64参照）。疑問文は「？」をつけて語尾を上げて発音します。

基本形	해요体	疑問形
먹다（モクタ）	먹지 않아요（モクチ アナヨ）	먹지 않아요？（モクチ アナヨ）
食べる	食べません	食べませんか？

② 하다動詞の否定形の作り方

하다（ハダ）動詞を否定形にするときは、①と同じように語尾の다（ダ）を取って지 않아요（チ アナヨ）（합니다（ハムニダ）体の場合は지 않습니다（チ アンスムニダ））を接続します。

基本形	해요体	疑問形
요리하다（ヨリハダ）	요리하지 않아요（ヨリハジ アナヨ）	요리하지 않아요？（ヨリハジ アナヨ）
料理する	料理しません	料理しませんか？

③ 합니다体

ニュースや公式な場でアナウンサーなどが使うフォーマルな語尾（합니다（ハムニダ）体）は먹지 않습니다.（モクチ アンスムニダ）/먹지 않습니까?（モクチ アンスムニッカ）（食べません。/食べませんか？）です。

書いてみよう　次の会話文をなぞってみましょう。

DL. 54

〖練習〗

Q どうして練習しないのですか？

왜(ウェ) 연습하지(ヨンスッパジ) 않아요(アナヨ)?

왜 연습하지 않아요?

A 朝しか練習しません。

아침밖에(アッチムパッケ) 연습하지(ヨンスッパジ) 않아요(アナヨ).

아침밖에 연습하지 않아요.

*名詞+밖에(パッケ)〜しか

練習問題　日本語訳を見て（　）の中を埋めましょう。

Q：どうして寝ないのですか？

왜(ウェ) 자(チャ) (❶　　　　　)?

A: なぜだか眠くなりません。

왠지(ウェンジ) 잠이(チャミ) 안와요(アナヨ).

例を見ながら、下線部を長い形の否定文に直しましょう。

例：お父さんは運動しません。 아버지는(アボジヌン) (운동해요(ウンドンヘヨ)→운동하지(ウンドンハジ) 않아요(アナヨ)).

ヒント! 운동해요(ウンドンヘヨ)を基本形운동하다(ウンドンハダ)に戻して語尾の다(ダ)を取ってから - 지(チ) 않다(アンタ)の요(ヨ)体をつなげます。

私はコンパに行きません。 저는(チョヌン) 미팅에(ミティンエ) (가요(カヨ)→❷　　　　　).

ヒント! 基本形は가다(カダ)

夜にはコーヒーを飲みません。 밤에는(パメヌン) 커피를(コピルル) (마셔요(マショヨ)→❸　　　　　).

ヒント! 基本形は마시다(マシダ)

私は面食いじゃありません。 저는(チョヌン) 얼굴을(オルグルル) (따져요(ッタジョヨ)→❹　　　　　).

ヒント! 基本形は따지다(ッタジダ)

解答 ❶지(ジ) 않아요(アナヨ)　❷가지(カジ) 않아요(アナヨ)　❸마시지(マシジ) 않아요(アナヨ)　❹따지지(ッタジジ) 않아요(アナヨ)

レストランやカフェで使えるフレーズを書いてみましょう。

この店は何がおいしいですか？	이(イ) 집은(チブン) 뭐가(ムォガ) 맛있어요(マシッソヨ)?
少なめにしてもらえますか？	양을(ヤンウル) 적게(チョッケ) 해(ヘ) 주실(ジュシル) 수(ス) 있어요(イッソヨ)?

豆ちしき 韓国はなんでも分け合って食べる文化。トッポギなどを一皿ずつ頼んで、みんなで分けて食べる。

Lesson 3

있다（イッタ）（ある／いる）の反意語の없다（オプタ）（ない／いない）を学びましょう。

주말에 예정이 없어요?

チュマレ　イェジョンイ　オプソヨ

週末に予定がありませんか？

DL. 55

●ヒカルからデートのお誘いが…♡

チュマレ　イェジョンイ
주말에 예정이
週末に　予定が
オプソヨ
없어요?
ありませんか？

ネ　チュマレ　イェジョンイ　オプソヨ
네. 주말에 예정이 없어요.
はい。　週末に　予定が　ありません。

文法ポイント

① 없어요?（ありませんか？）の使い方

「ありませんか？」と、疑問文を使うことで、より丁寧な印象を与えることもできます。疑問文にする場合は「？」をつけて語尾を上げて発音します。

② 있다の否定形は없다

있다（イッタ）（ある/いる）を否定形にするとき、안（アン）や第Ⅰ活用-지（チ） 않다（アンタ）を使って안 있어요（アン イッソヨ）と言うことはありません。ネイティブは会話で使うことがありますが、文法的には間違いです。

③ 人にも使える

サンウ　ツシ　オプソヨ
상우 씨 없어요?
（サンウさんいませんか？）

ヨジャチング　オプソヨ
여자친구 없어요.
（彼女いません。）

上の例のように、人に対しても使えます。

④ 합니다体

ニュースや公式な場でアナウンサーなどが使うフォーマルな語尾（합니다（ハムニダ）体）は、없습니다（オプスムニダ）. /없습니까（オプスムニッカ）?（ありません。/ありませんか？）です。

書いてみよう 次の会話文をなぞってみましょう。

〖練習〗

Q カプチーノはありませんか？	A はい。カプチーノはありません。
カプチノヌン オプソヨ 카푸치노는 없어요?	ネ カプチノヌン オプソヨ 네. 카푸치노는 없어요.
카푸치노는 없어요?	네. 카푸치노는 없어요.

練習問題 日本語訳を見て（　）の中を埋めましょう。

Q：土曜日に時間ありませんか？

トヨイレ シガン
토요일에 시간 (❶　　　)?

A：ごめんなさい。土曜日には時間ありません。

ミアネヨ トヨイレヌン シガン
미안해요. 토요일에는 시간 (❷　　　).

例を見ながら、下線部を否定文に直しましょう。

例：明日は家にいません。 ネイル チベ イッソヨ オプソヨ 내일 집에 (있어요→없어요).

好きな人がいません。 チョアハヌン サラミ イッソヨ 좋아하는 사람이 (있어요→❸　　　).

限定版はありませんか？ ハンジョンパヌン イッソヨ 한정판은 (있어요→❹　　　)?

色違いはありませんか？ タルン セクサンウン イッソヨ 다른 색상은 (있어요→❺　　　)?

効き目がありません。 ヒョクヮガ イッソヨ 효과가 (있어요→❻　　　).

解答 ❶❷オプソヨ 없어요　❸〜❻オプソヨ 없어요

買いもののときに使えるフレーズを書いてみましょう。

いりません。 *直訳：必要ありません	ピリョ オプソヨ 필요 없어요.
1万ウォンしかありません。	マ ノンパッケ オプソヨ 만 원밖에 없어요.
おまけにもうひとつください。	ドムロ ハナ ト ジュセヨ 덤으로 하나 더 주세요. *化粧品店などではたくさんおまけがもらえるので覚えておくとお得

豆ちしき ソメク 소맥は、ソジュ 소주（焼酎）とメクチュ 맥주（ビール）を割った恐ろしい飲みもの。ソメクジャン 소맥잔という専用グラスがある。

Lesson 4

이에요(イエヨ)の否定形、아니에요(アニエヨ)（ではありません）を学びましょう。

한국사람이(ハングクサラミ) 아니에요(アニエヨ).

韓国人じゃありません。

DL. 57

●ユキの韓国語、上達してきたかも…！

한국사람이에요(ハングクサラミエヨ)？
韓国人ですか？

아니요(アニヨ). 한국사람이(ハングクサラミ) 아니에요(アニエヨ).
いいえ。韓国人じゃありません。

文法ポイント

①「～ではありません」「～ではありませんか？」の作り方

대학생(テハクセン)（大学生）のように名詞の最後にパッチムがあるときは、助詞の이(イ)をつけて이(イ) 아니에요(アニエヨ)（합니다(ハムニダ)体は이(イ) 아니다(アニダ)）をつなげます。

주부(チュブ)（主婦）のように名詞の最後にパッチムがないときは、助詞の가(ガ)をつけて가(ガ) 아니에요(アニエヨ)（합니다(ハムニダ)体は가(ガ) 아니다(アニダ)）をつなげます。疑問文のときは最後に「？」をつけて、語尾を上げて発音します。

	名詞の最後にパッチムがあるとき 例：대학생(テハクセン)（大学生）	名詞の最後にパッチムがないとき 例：주부(チュブ)（主婦）
합니다(ハムニダ)体	대학생이(テハクセンイ) 아닙니다(アニムニダ). 大学生ではありません。	주부가(チュブガ) 아닙니다(アニムニダ). 主婦ではありません。
해요(ヘヨ)体	대학생이(テハクセンイ) 아니에요(アニエヨ). 大学生ではありません。	주부가(チュブガ) 아니에요(アニエヨ). 主婦ではありません。
疑問形	대학생이(テハクセンイ) 아니에요(アニエヨ)？ 大学生ではありませんか？	주부가(チュブガ) 아니에요(アニエヨ)？ 主婦ではありませんか？

②会話のときの助詞の省略

会話では助詞の이(イ)/가(ガ)を省略する場合があります。

일본사람이(イルボンサラム) 아니에요(アニエヨ).（日本人ではありません。）
省略

書いてみよう 次の会話文をなぞってみましょう。

DL. 58

〖練習〗

Q 学生ですか？	A いいえ。私は学生ではありません。
학생이에요? (ハクセンイエヨ)	아니요. (アニヨ) 저는 (チョヌン) 학생이 (ハクセンイ) 아니에요. (アニエヨ)
학생이에요?	아니요. 저는 학생이 아니에요.

練習問題 日本語訳を見て（ ）の中を埋めましょう。

Q：就活生ですか？　**A**：いいえ。私は就活生ではありません。

취준생이에요? (チュィジュンセンイエヨ)　아니요. (アニヨ) 저는 (チョヌン) 취준생 (チュィジュンセン) (❶).

＊취준생 (チュィジュンセン) は취업을 (チュィオブル) 준비하는 (ジュンビハヌン) 학생 (ハクセン)（就業を準備している学生/就職浪人）の略語

例を見ながら、下線部を否定文にしましょう。

例：これは風邪薬じゃありません。 이건 (イゴン) (감기약이에요 (カムギヤギエヨ)→감기약이 (カムギヤギ) 아니에요 (アニエヨ)).

私のお兄さんは弁護士じゃありません。

우리 (ウリ) 오빠는 (オッパヌン) (변호사예요 (ビョノサエヨ)→❷).

その男性はケチじゃありません。

그 (ク) 남자는 (ナムジャヌン) (구두쇠예요 (クドゥセエヨ)→❸).

これは私が頼んだものじゃありません。

이건 (イゴン) 제가 (チェガ) (시킨 (シキン) 거예요 (ゴエヨ)→❹).

それは私のじゃありません。그건 (クゴン) (제 (チェ) 거예요 (ツコエヨ)→❺).

解答

❶이 (イ) 아니에요 (アニエヨ)　❷변호사가 (ビョノサガ) 아니에요 (アニエヨ)　❸구두쇠가 (クドゥセガ) 아니에요 (アニエヨ)

❹시킨 (シキン) 거 (ゴ) 아니에요 (アニエヨ)　＊注文したものと違うものが出てきたときに使う

❺제 (チェ) 거 (ッコ) 아니에요 (アニエヨ)　＊「あなたのものですか？」と尋ねられて、違うときに答える

豆ちしき 김밥 (キムパプ)（キンパ）、떡볶이 (トッポッキ)（トッポギ）、순대 (スンデ)（腸詰）の盛り合わせを김떡순 (キムットクスン)（キムトクスン）という。

Lesson 5

韓国では目上の人には必ず敬語を使うので、しっかり覚えましょう。

카페에(カペエ) 가세요(カセヨ)?

カフェに行かれますか？

DL. 59

●ヒカルがソニンを誘っています。

카페에(カペエ) 가세요(カセヨ)?
カフェに行かれますか？

네(ネ). 가요(カヨ).
はい。行きます。

文法ポイント

① 基本的な尊敬語の作り方

第Ⅱ活用＋시(シ)を使えば、ほとんどの動詞と形容詞を尊敬語に変えることができます。第Ⅱ活用は、基本形から語尾の다(ダ)を取り、用言の語幹末にパッチムがなければそのまま、語幹末にパッチムがあれば으(ウ)を接続します（P66参照）。

② 尊敬語の해요体と합니다体の語尾の作り方

해요(ヘヨ)体では시(シ)が세(セ)に変わり、세요(セヨ)となります。疑問文は語尾の요(ヨ)を上げて発音します。합니다(ハムニダ)体は시다(シダ)をそのまま합니다(ハムニダ)体にして、십니다(シムニダ)./십니까(シムニッカ)? となります。疑問文は語尾の까(ッカ)を上げて発音します。

基本形の語尾다の直前にパッチムがない場合

基本形	尊敬語	해요体	합니다体
가다(カダ) → 가 + 시 →	가시(カシ)	가세요(カセヨ)	가십니다(カシムニダ)
行く	行かれる お行きになる	行かれます お行きになります	行かれます お行きになります

基本形の語尾다の直前にパッチムがある場合

基本形	尊敬語	해요体	합니다体
입다(イプタ) → 입 + 으 + 시 →	입으시(イブシ)	입으세요(イブセヨ)	입으십니다(イブシムニダ)
着る	お召しになる	お召しになります	お召しになります

書いてみよう　次の会話文をなぞってみましょう。

DL. 60

〘 練習 〙

ヨンジュさんは頭がいいですね。

ヨンジュ　ツシヌン　モリガ　チョウセヨ
연주 씨는 머리가 좋으세요.

연주 씨는 머리가 좋으세요.

ユンホさんも一生懸命勉強なさってください。

ユノ　ツシド　ヨルシミ　コンブハセヨ
윤호 씨도 열심히 공부하세요.

윤호 씨도 열심히 공부하세요.

練習問題　例を見ながら、下線部の単語を尊敬語の語尾세요にしましょう。

例：ミニョンさんはおきれいです。민영(ミニョン) 씨는(ツシヌン) (예쁘다(イェップダ)→예쁘세요(イェップセヨ)).

A：スミさんはいつもお忙しいですね？

スミ　ツシヌン　オンジェナ　パップダ
수미 씨는 언제나 (바쁘다→❶　　　　　)?

B：私より先生のほうがずっと仕事が多いです。

チョボダ　ソンセンニミ　ト　イリ　マンタ
저보다 선생님이 더 일이 (많다→❷　　　　　).

課長は明日からタイに出張されます。

クヮジャンニムン　ネイルプト　テグゲ　チェルチャンカダ
과 장 님 은 내일부터 태국에 출장 (가다→❸　　　　　).

解答　❶바쁘세요(パップセヨ)　❷많으세요(マヌセヨ)　❸가세요(カセヨ)

これも覚えよう

存在詞있다(イッタ)/없다(オプタ)を尊敬語にするときは要注意

ものや時間をあらわす**있다**(イッタ)（ある）**없다**(オプタ)（ない）の尊敬語は、**있으시다**(イッスシダ)（おありになる）**없으시다**(オプスシダ)（ございません）を使います。人には使えません。人に使うときは、계시다(ケシダ)（いらっしゃる）を使います（P86参照）。

豆ちしき　떡(ットク)（餅）と소세지(ソセジ)（ソーセージ）を合わせた、소떡소떡(ソットクソットク)というおやつもある。

Lesson 6

尊敬語の中には、基本形がすっかり変わってしまうものもあります。

어디에 계세요?（オディエ ケセヨ）

どちらにいらっしゃいますか？

●ヒカルが知人に電話しています。

동우（ドンウ） 씨는（ッシヌン） 어디에（オディエ）
ドンウさんは どちらに
계세요（ケセヨ）?
いらっしゃいますか？

저는（チョヌン） 신촌에（シンチョネ）
私は 新村に
있어요（イッソヨ）.
います。

文法ポイント

① 用言の特別な尊敬語

있다（イッタ）→계시다（ケシダ）
いる いらっしゃる

먹다（モクタ）→잡수시다（チャプスシダ）
食べる 召し上がる

자다（チャダ）→주무시다（チュムシダ）
寝る お休みになる

말하다（マラダ）→말씀하시다（マルッスムハシダ）
言う おっしゃる

죽다（チュクタ）→돌아가시다（トラカシダ）
死ぬ お亡くなりになる

들다（トゥルダ）→드시다（トゥシダ）
食べる（美語） 召し上がる

*먹다（モクタ）（食べる）は尊敬語にできないので、尊敬語にするときは들다（トゥルダ）を使う

② 謙譲語

주다（チェダ）→드리다（トゥリダ）
あげる 差し上げる

만나다（マンナダ）→뵙다（ペプタ）
会う お目にかかる

③ 助詞の特別な尊敬語

가（ガ） / 이（イ）→께서（ッケソ）
～が

는（ヌン） / 은（ウン）→께서는（ッケソヌン）
～は

에게（エゲ）→께（ッケ）
～に

도（ド）→께서도（ッケソド）
～も

書いてみよう　次の会話文をなぞってみましょう。

DL. 62

〖 練習 〗

A 午後3時までに会議室に来てください。

オフ　セ　シッカジ　フェイシレ
오후 3 시까지 회의실에
ワジュセヨ
와주세요.

오후 3 시까지 회의실에
와주세요.

B はい。午後3時までに伺います。

ネ　オフ　セ　シッカジ
네. 오후 3 시까지
ペッケッスムニダ
뵙겠습니다.

네. 오후 3 시까지
뵙겠습니다.

練習問題　下線部の単語を特別な形の尊敬語にしましょう。

Q：先生は教室にいらっしゃいますか？

ソンセンニムン　キョシレ　イッソヨ
선생님은 교실에 (있어요→❶　　　　)?

A：いいえ。教室にいらっしゃいません。

アニヨ　キョシレ　オプソヨ
아니요. 교실에 (없어요→❷　　　　).

お祖母さんは部屋でお休みになっていらっしゃいます。

ハルモニ　ヌン　パンエソ　チャヨ
할머니 (는→❸　　　　) 방에서 (자요→❹　　　　).

解答
❶계세요（ケセヨ）　＊人に対して있으세요（イッスセヨ）は使えない
❷안 계세요（アン ケセヨ）　＊계시다（ケシダ）は動詞なので、否定するときは안（アン）を使う
❸께서는（ッケソヌン）　❹주무세요（チュムセヨ）

これも覚えよう

韓国語は日本語と同様、名詞にも尊敬語があります。

사람（サラム）（人）→분（プン）（方）、집（チプ）（家）→댁（テク）（宅）、이름（イルム）（名前）→성함（ソンハム）（お名前）

豆ちしき　配達文化が進んでいる韓国では、24時間配達ができる。アプリで注文して決済する方法が増えている。

おさらいページ

練習問題

1 日本語訳を見ながら、안を使った否定文にしましょう。

Q：学校に行かないのですか？　A：今日は休講です。

　ハッキョ カヨ
Q：학교(가요→　　　　　　)?

　オヌルン　ヒュガンイエヨ
A：오늘은 휴강이에요.

2 日本語訳を見ながら、지 않다を使った否定文にしましょう。

Q：セギョンさんはインスタやりませんか?　A：私はツイッターもやりません。

　セギョン　ッシヌン　インスタ
Q：세경 씨는 인스타
　アナダ
(안 하다→①　　　　　　)?

　チョヌン　トゥイトド
A：저는 트위터도
　ハダ
(하다→②　　　　　　).

3 日本語訳を見ながら、없다を使った否定文にしましょう。

Q：部屋に歯ブラシセットがありませんか？　A：ありません。コンビニで売っています。

　パンエ　チッソル　セットゥガ
Q：방에 칫솔 세트가
　イッタ
(있다→①　　　　　　)?

　イッタ
A：(있다→②　　　　　　).
ピョニジョメソ　パラヨ
편의점에서 팔아요.

4 日本語訳を見ながら、이 / 가 아니다を使って否定文にしましょう。

その男性は私のタイプじゃありません。

ク　ナムジャヌン　チェ　タイビダ
그 남자는 제(타입이다→　　　　　　).

5 日本語訳を見ながら、尊敬語にしましょう。

Q：先生は何時に朝食をとられますか？　A：7時に食事します。

　ソンセンニムン　ミョッ　シエ　アッチム
Q：선생님은　몇 시에 아침
　シクサハダ
(식사하다→　　　　　　)?

　イルゴプシエ　シクサヘヨ
A：7 시에 식사해요.

6 日本語訳を見ながら、特別な尊敬語にしましょう。

Q：乾杯！　生ビールがおいしいですね。　A：テヨンさんも1杯召し上がってください。

　コンベ　センメクチュガ　マシンネヨ
Q：건배! 생맥주가 맛있네요.

　テヨン　ッシド　ハン　ジャン
A：태연 씨도 한 잔
　トゥルダ
(들다→　　　　　　).

解答

アン カヨ　ハジ アナヨ
❶안 가요　❷①②하지 않아요

オプソヨ
❸①②없어요　＊韓国ではゴミを減らすため、アメニティグッズを置かないホテルもある

タイビ アニエヨ　シクサハセヨ
❹타입이 아니예요　❺식사하세요

トゥセヨ
❻드세요　＊드세요(トゥセヨ)は들다(トゥルダ)（食べるの美語）だが、마시다(マシダ)（飲む）の尊敬語としても使える

part 6

過去形と可能形・不可能形

第6章では、過去形と、「～できる」「～できない」などの可能・不可能形を学びます。また、「～なので」という理由を表す連結語尾も学ぶので、この章を終えると、会話の中での表現の幅がグッと広がりますよ。

Lesson 1

会話で過去形を使うと、表現の幅が広がります。

여행 갔다왔어요.
ヨヘン カッタワッソヨ

旅行行ってきました。

DL. 64

●ソニンは先週のお休みに楽しいことがあったようです。

チョボンジュエ ヨヘン
저번주에 여행
先週(に) 旅行
カッタワッソヨ
갔다왔어요.
行ってきました。

オディロ カッタワッソヨ
어디로 갔다왔어요?
どこに 行ってきましたか?

文法ポイント

① 過去形の作り方

過去形は、第Ⅲ活用+-ㅆの文型を使います。まず、基本形の語尾の다(ダ)を取ります。次に、語尾の母音が陽母音か陰母音かを確認します。

過去形の해요(ヘヨ)体は、語尾다(ダ)の直前の母音が陽母音でも陰母音でも第Ⅲ活用-ㅆ어요(ツソヨ)です。第Ⅲ活用-ㅆ아요にはなりません。

❶語尾다(ダ)の直前が陽母音(ㅏ/ㅑ/ㅗの3種類)のとき→았(アッ)を接続

基本形			過去形	過去形(해요体)	過去形(합니다体)
パッタ 받다 受ける	→ 받(ㅏ/ㅑ/ㅗの陽母音)	+ 았	→ パダッ 받았	パダッソヨ 받았어요 受けました	パダッスムニダ 받았습니다 受けました

❷語尾다(ダ)の直前が陰母音(ㅏ/ㅑ/ㅗ以外の母音)のとき→었(オッ)を接続

基本形			過去形	過去形(해요体)	過去形(합니다体)
モクタ 먹다 食べる	→ 먹(陰母音)	+ 었	→ モゴッ 먹었	モゴッソヨ 먹었어요 食べました	モゴッスムニダ 먹었습니다 食べました

書いてみよう　次の会話文をなぞってみましょう。

DL. 65

〖練習〗

Q 夕食に何食べましたか？

チョニョゲ ムォ モゴッソヨ
저녁에 뭐 먹었어요?

저녁에 뭐 먹었어요?

A 友だちと韓国料理を食べました。

チングドゥルクヮ ハングㇰ ウムシグル モゴッソヨ
친구들과 한국 음식을 먹었어요.

친구들과 한국 음식을 먹었어요.

練習問題　日本語訳を見て下線部を過去形にしましょう。

Q：新しいアルバムを買いましたか?

セロウン エルボムル サヨ
새로운 앨범을 (사요→❶　　　　)?

A：はい。買いました。

ネ サッソヨ
네. 샀어요.

予約しました。　イェヤㇰケヨ (예약해요→❷　　　　).

昨日電話しました。　オジェ 어제 チョナヘヨ (전화해요→❸　　　　).

家にいませんでした。　チベ 집에 オプソヨ (없어요→❹　　　　).

その人は中国人でした。　ク 그 サラムン 사람은 チュングㇰサラミエヨ (중국사람이에요→❺　　　　).

解答
❶샀어요（サッソヨ）　＊사다（サダ）の第Ⅲ活用では사아（サア）が同化するので、사았어요（サアッソヨ）ではなく샀어요（サッソヨ）と変化する（P69参照）
❷예약했어요（イェヤㇰケッソヨ）　❸전화했어요（チョナヘッソヨ）　❹없었어요（オプソッソヨ）　❺중국사람이었어요（チュングㇰサラミオッソヨ）

これも覚えよう

過去形の합니다体

받았습니다.（パダッスムニダ）（受けました。）　받았습니까?（パダッスムニッカ）（受けましたか？）
먹었습니다.（モゴッスムニダ）（食べました。）　먹었습니까?（モゴッスムニッカ）（食べましたか？）

豆ちしき K-POPでは、アイドルが誕生しては消えていく。서바이벌（ソバイボル）（サバイバル）の意訳は、オーディション。

Lesson 2

-ㄹ 수 있다(～することができる)という可能表現を学びましょう。

モゴボル　ス　イッソヨ

먹어볼 수 있어요?

試食できますか？

DL. 66

●デパ地下においしそうなものがいっぱい！

モゴボル　ス　イッソヨ
먹어볼 수 있어요?
試食　できますか？

ネ　トゥショボセヨ
네. 드셔보세요.
はい。召し上がってみてください。

＊第Ⅲ活用＋보다を使うと、「～（し）てみる」という挑戦をあらわす意味になる
먹다＋보다→먹다보다

文法ポイント

① 可能形の作り方

可能形は、基本形の語尾다を取ってから第Ⅱ活用＋ㄹ 수 있다（해요体のときはㄹ 수 있어요）を接続します。疑問文のときは最後に「？」をつけて語尾を上げて発音します。

❶語尾다の直前にパッチムがない動詞

そのまま第Ⅱ活用＋ㄹ 수 있다（해요体のときはㄹ 수 있어요）を接続します。

基本形

マンナダ　　　　　　　　　　　　マンナル　ス　イッソヨ
만나다→만나＋ㄹ 수 있다→만날 수 있어요
会える　　　　　　　　　　　　会えます

❷語尾다の直前にパッチムがある動詞

第Ⅱ活用とㄹ 수 있다（해요体のときはㄹ 수 있어요）の間に으を接続します。

基本形

モクタ　　　　　　　　　　　　モグル　ス　イッソヨ
먹다→먹＋으＋ㄹ 수 있다→먹을 수 있어요
食べる　　　　　　　　　　　　食べられます

書いてみよう 次の会話文をなぞってみましょう。

DL. 67

〖練習〗

Q 試着できますか？	A はい。着てみてください。
イボボル ス イッソヨ 입어볼 수 있어요?	ネ イボボセヨ 네. 입어보세요.
입어볼 수 있어요?	네. 입어보세요.

練習問題 日本語訳を見て、下線部の基本形を可能表現にしましょう。

Q：ビールを飲めますか？
メクチュルル マシダ
맥주를 (마시다→❶)?

A：はい。ビールが好きです。
ネ メクチュルル チョアヘヨ
네. 맥주를 좋아해요.

10時までに会社に来られますか？
ヨル シッカジ フェサエ オダ
10 시까지 회사에 (오다→❷)?

金曜日に会えますか？ クミョイレ ポダ
금요일에 (보다→❸)?

クレジットカード使えますか？
シニョンカドゥ サヨンハダ
신용카드 (사용하다→❹)?

Facebookをきっかけに彼氏に会えました。
ペイスブグル ケギロ ナムジャチングルル マンナダ
페이스북을 계기로 남자친구를 (만나다→❺).

解答
❶마실 수 있어요（マシル ス イッソヨ） ＊Aの直訳：ビールを好みます。좋아하다（チョアハダ）は動詞なので助詞には를/을（ルル/ウル）を使う
❷올 수 있어요（オル ス イッソヨ） ❸볼 수 있어요（ポル ス イッソヨ） ❹사용할 수 있어요（サヨンハル ス イッソヨ）
❺만날 수 있었어요（マンナル ス イッソッソヨ） ＊「会えた」と過去形にする場合は第Ⅱ活用−ㄹ 수 있어요（ル ス イッソヨ）の語尾を過去形にする

カフェやファストフードで使えるフレーズを書いてみましょう。

店内で召し上がりますか？	トゥシゴ カシゲッソヨ 드시고 가시겠어요?
テイクアウトします。	カジゴ カル ッコエヨ 가지고 갈 거예요.

豆ちしき 【얼죽아（オルチュガ）】얼어（オロ） 죽어도（チュゴド） 아이스（アイス） 아메리카노（アメリカノ）.（凍って死んでも〈どんなに寒くても〉アイスアメリカーノ）の略語。

Lesson 3

-ㄹ 수 없다（〜することができない）という不可能表現を学びます。

들어갈 수 없어요?

入れませんか？

DL. 68

●ヒカルが店員に尋ねています。

아직 들어갈 수 없어요?
まだ入れませんか？

네. 5시까지 들어갈 수 없어요.
はい。5時まで入れません。

文法ポイント

① 不可能形　第Ⅱ活用-ㄹ 수 없다

能力的に不可能であることや、規則的な禁止事項などを表す不可能形は第Ⅱ活用+ㄹ 수 없다（해요体のときはㄹ 수 없어요）を使います。

❶語尾다の前にパッチムがない動詞

そのまま第Ⅱ活用+ㄹ 수 없다（해요体のときはㄹ 수 없어요）を接続します。

基本形　　　　　　　　　　不可能形（해요体）

가다 → 가 + ㄹ 수 없다 → 갈 수 없어요
行く　　　　　　　　　　　行けません

❷語尾다の前にパッチムがある動詞

第Ⅱ活用とㄹ 수 없다（해요体のときはㄹ 수 없어요）の間に으を入れて接続します。

基本形　　　　　　　　　　不可能形（해요体）

읽다 → 읽 + 으 + ㄹ 수 없다 → 읽을 수 없어요
読む　　　　　　　　　　　読めません

書いてみよう 次の会話文をなぞってみましょう。

DL. 69

〖 練習 〗

Q 韓国式腸詰を食べられませんか？

スンデルル モグル ス オプソヨ
순대를 먹을 수 없어요?

순대를 먹을 수 없어요?

A いいえ。食べられます。

アニヨ モグル ス イッソヨ
아니요. 먹을 수 있어요.

아니요. 먹을 수 있어요.

練習問題 日本語訳を見て、下線部の基本形を可能表現にしましょう。

Q：土曜日に出勤できませんか？

トヨイレ チュルグンハダ
토요일에 (출근하다→❶)?

A：出勤できます。

チュルグンハル ス イッソヨ
출근할 수 있어요.

テウォンさんは8月に日本に来られませんか？

テウォン ッシヌン パロレ イルボネ オダ
태원 씨는 8 월에 일본에 (오다→❷)?

動画をアップロードできません。

トンヨンサンウル オプロドゥハダ
동영상을 (업로드하다→❸).

暗証番号を変えることができませんか？

ピミルボノルル パックダ
비밀번호를 (바꾸다→❹)?

いっしょに写真撮れませんか？

カッチ サジン ッチクタ
같이 사진 (찍다→❺)?

解答 ❶출근할 수 없어요（チュルグンハル ス オプソヨ） ❷올 수 없어요（オル ス オプソヨ） ❸업로드할 수 없어요（オプロドゥハル ス オプソヨ） ❹바꿀 수 없어요（パックル ス オプソヨ） ❺찍을 수 없어요（ッチグル ス オプソヨ）

SNS に関するフレーズを書いてみましょう。

そのスタンプいいです。	ク イモティコン チョアヨ 그 이모티콘 좋아요.
インスタフォローしました。	インスタ パルロウ ヘッソヨ 인스타 팔로우 했어요.

豆ちしき SNS用語 해쉬태그（ヘシュテグ）（ハッシュタグ）、다이렉트（ダイレクトゥ）（DM/ダイレクトメッセージ）、타임라인（タイムライン）（タイムライン）

Lesson 4

日常会話でよく用いられる短い形の不可能形を学びましょう。

못（モッ） 잤어요（チャッソヨ）.

眠れませんでした。

DL.70

●ヒカルは隣の部屋がうるさくて眠れなかったみたい。

안녕히（アンニョンヒ）
よく
주무셨어요（チュムショッソヨ）?
お休みになられましたか？

잠을（チャムル） 잘（チャル） 못（モッ） 잤어요（チャッソヨ）.
よく 眠れませんでした。

文法ポイント

① 口語的な不可能表現　못

不可能形にはP94で学んだ第Ⅱ活用-ㄹ 수（ル ス） 없다（オプタ）以外の表現があります。第Ⅱ活用-ㄹ 수（ス） 없다（オプタ）は規則的な禁止事項に、못（モッ）を使った不可能形は日常会話によく用いられます。会話の主体の意思とは逆に、外からの要因や能力の不足によってその行為や事柄自体が起こりえない状況を表します。

② 못を使った不可能表現の作り方

動詞の前に못（モッ）をつけます。

基本形		해요体		不可能形
먹다（モクタ）	→	먹어요（モゴヨ）	→	못 먹어요（モン モゴヨ）［鼻音化］
食べる		食べられます		食べられません

＊鼻音化の法則（P126参照）

③ 하다動詞の場合は要注意！

하다（ハダ）動詞の場合は、하다（ハダ）の直前に못（モッ）をつけます。

基本形		해요体		不可能形
공부하다（コンブハダ）	→	공부해요（コンブヘヨ）	→	공부 못 해요（コンブ モッ テヨ）＊
勉強する		勉強します		勉強できません

＊激音化の法則（P125参照）

書いてみよう　次の会話文をなぞってみましょう。

DL. 71

〖練習〗

Q　昨日、歌謡対戦見ましたか？

A　いいえ。見られませんでした。

Q	A
オジェ　カヨデジョン　パッソヨ 어제 가요대전 봤어요?	アニヨ　モッ　パッソヨ 아니요. 못 봤어요.
어제 가요대전 봤어요?	아니요. 못 봤어요.

練習問題　日本語訳を見て、下線部を不可能表現にしましょう。

Q：昨日コンパ行きましたか？　**A**：いいえ。行けませんでした。

オジェ　ミティン　カッソヨ
어제 미팅 갔어요?

アニヨ　カッソヨ
아니요. (갔어요→❶　　　　).

私はお酒を飲めません。　チョヌン　スルル　マショヨ
저는 술을 (마셔요→❷　　　　).

朝ごはんを食べられませんでした。　アッチムル　モゴッソヨ
아침을 (먹었어요→❸　　　　).

今日は宿題できません。　オヌルン　スッチェヘヨ
오늘은 (숙제해요→❹　　　　).

私はピアノをうまく弾けません。　チョヌン　ピアノルル　チャル　チョヨ
저는 피아노를 잘 (쳐요→❺　　　　).

解答
❶못 갔어요（モッ カッソヨ）　❷못 마셔요（モン マショヨ）　❸못 먹었어요（モン モゴッソヨ）　＊❷と❸は못（モッ）が鼻音化する
❹숙제 못 해요（スッチェ モッ テヨ）　＊하다（ハダ）動詞の場合は하다（ハダ）（ここでは해요（ヘヨ））の直前に못（モッ）をつけ、激音化してモッテヨと発音する
❺못 쳐요（モッ チョヨ）

これも覚えよう

丁寧に断る場合には、第Ⅰ活用＋지（ジ） 못하다（モッハダ）という不可能形を用います。

基本形　　　　不可能形

カダ　　　　　　　　　　　　カジ　モッ　テヨ
가다 → 가 + 지 못 해요 → 가지 못 해요
行く　　　　　　　　　　　　伺えません

チェソンハジマン　カジ　モッ　テヨ
죄송하지만 가지 못 해요. (すみませんが、伺えません。)

豆ちしき　美容用語　건조피부（コンジョピブ）（乾燥肌）、지성피부（チソンピブ）（オイリー肌）、피부트러블（ピブトゥロブル）（肌トラブル）

Lesson 5

理由または先行動作を表す連結語尾、第Ⅲ活用-서を学びます。

야근이 있어서 못 가요.

残業があって行けません。

DL. 72

●ソニンがヒカルに連絡しています。

오늘은 데이트 할 수 있어요?
今日は デート できますか？

오늘도 야근이 있어서 못 가요.
今日も 残業が あって 行けません。

文法ポイント

①「〜て（なので）」という理由を表す連結語尾

先行する文が後続する文の理由や原因となって、「今日も残業があって（残業なので）」のように用いられます。語尾の다（해요体では요）を取った後、第Ⅲ活用に-서を接続します。

基本形	第Ⅲ活用	理由を表す連結語尾	不可能
열이 있다（熱がある）	열이 있어（陰母音なので어を接続）	열이 있어서（熱があって（あるので））	못 가요（行けません）

② 指定詞이다は形が変わる

指定詞の場合は「〜なので」の意味が強くなります。パッチムがない名詞の場合、이が省略された라서を接続し、パッチムがある名詞の場合、이라서を接続します。

パッチムがない名詞	パッチムがある名詞
주부이다（主婦だ）→주부라서（主婦なので）	학생이다（学生だ）→학생이라서（学生なので）

저는 학생이라서 여름방학에는 아르바이트를 해요.
（私は学生なので夏休みはアルバイトをします。）

書いてみよう 次の会話文をなぞってみましょう。

DL. 73

〖練習〗

Q シネさんは運転できますか？

신애 씨는 운전할 수 있어요?

A いいえ。私は免許証がなくて運転できません。

아니요. 저는 면허증이 없어서 운전 못 해요.

신애 씨는 운전할 수 있어요?

아니요. 저는 면허증이 없어서 운전 못 해요.

練習問題 下線部の動詞を、理由を表す第Ⅲ活用 - 서で変化させ、AとBをひとつの文にしましょう。

スマホが壊れて連絡できませんでした。

A：스마트폰이 고장나다 **B**：연락 못 했어요.

(❶).

遅れてすみません。

A：늦다 **B**：죄송합니다. (❷).

高くて買えません。

A：비싸다 **B**：못 사요. (❸).

たくさん食べてお腹がいっぱいです。

A：많이 먹다 **B**：배가 불러요.

(❹).

朝ごはんを食べられなくてお腹が空いています。

A：아침을 못 먹다 **B**：배가 고파요.

(❺).

解答
❶스마트폰이 고장나서 연락 못 했어요 ＊고장나아→고장나 第Ⅲ活用 母音の同化
❷늦어서 죄송합니다 ❸비싸서 못 사요 ＊비싸아→비싸 第Ⅲ活用 母音の同化
❹많이 먹어서 배가 불러요 ❺아침을 못 먹어서 배가 고파요 ＊못の鼻音化

豆ちしき 솔탈は솔로탈출（ソロ脱出）の略。恋人探しは韓国でも重要課題。

〖第7章の予習 特殊語幹用言と変格活用用言〗

基本形の語幹末の形が同じでも、これまで通り規則的な活用をする正格用言と、不規則な活用をする変格用言があるので注意が必要です。

❶ 特殊語幹用言2種類

ㄹ(リウル)語幹	語巻末に ㄹ(リウル) を持つ全ての動詞・形容詞
ㅡ(ウ)語幹	語幹末に ㅡ(ウ) を持つ一部の動詞・形容詞

❷ 変格活用用言6種類

ㄷ(ティグ)変格	語幹末に ㄷ(ティグ) を持つ一部の動詞・形容詞
ㅅ(シオッ)変格	語幹末に ㅅ(シオッ) を持つ一部の動詞・形容詞
ㅂ(ピウプ)変格	語幹末に ㅂ(ピウプ) を持つ一部の動詞・形容詞
르(ル)変格	語幹末に 르(ル) を持つ全ての用言（一部はㅡ(ウ)語幹）
러(ロ)変格	語幹末に 러(ロ) を持つ一部の動詞・形容詞
ㅎ(ヒウッ)変格	語幹末に ㅎ(ヒウッ) を持つ一部の形容詞

特殊な活用形

第7章では、これまで学んだ3種類の活用形とは違い、変則的な活用をする特殊語幹用言と変格活用用言について学びます。この章をマスターすれば、より間違いのない、きれいな韓国語を話せるようになります。

Lesson 1

変則的な活用をする特殊語幹のうちㄹ(リウル)語幹について学びます。

근처에(クンチョエ) 사세요(サセヨ)?

近所にお住まいですか？

DL.74

●ジョンソクが仕事の合間に雑談しています。

강남역(カンナムヨク) 근처에(クンチョエ) 사세요(サセヨ)?
江南駅の　近所に お住まいですか？

네(ネ). 강남역(カンナムヨク) 근처에(クンチョエ)
はい。江南駅の　近所に
살고(サルゴ) 있어요(イッソヨ).
住んで　います。

＊第Ⅰ活用-고(コ) 있다(イッタ)の現在進行形「(今)～している」

文法ポイント

① ㄹ語幹用言とは

語幹末（다(ダ)の直前のパッチム）にㄹを持つすべての用言（動詞・形容詞）をㄹ(リウル)語幹といいます。第Ⅱ活用で特殊な活用をし、第Ⅰ・第Ⅲ活用のときには特殊な変化がありません。

② 活用の仕方　基本形　살다(サルダ)（住む/暮らす/生きる）

❶第Ⅱ活用のときパッチムㄹがあっても、次に으(ウ)が入らない

誤：살으면　正：살면(サルミョン)
住めば

❷합니다(ハムニダ)体にするときㄹが脱落

誤：살습니다　正：삽니다(サムニダ)
住みます

❸尊敬語にするときㄹが脱落

誤：살으세요　正：사세요(サセヨ)
お暮らしになります

❹ㄹパッチムが接続されるときㄹが脱落

誤：살을 수 있어요
正：살(サル) 수(ス) 있어요(イッソヨ)
暮らせます

❺ㄴが接続されるときㄹが脱落

誤：살으니까　正：사니까(サニッカ)
暮らすから

＊第Ⅱ活用-니까(ニッカ)は「～だから」という理由を表す

書いてみよう 次の会話文をなぞってみましょう。

DL.75

〚練習〛

Q その方をご存知ですか？	A はい。よく知っています。
ク ブヌル アセヨ 그 분을 아세요?	ネ チャル アルゴ イッソヨ 네. 잘 알고 있어요.
그 분을 아세요?	네. 잘 알고 있어요.

練習問題 日本語訳を見て、指示に従って下線部の基本形を変化させましょう。

第Ⅱ活用-세요を使って尊敬語にしましょう。

どうして泣いていらっしゃるのですか？

ウェ ウルダ
왜 (울다→❶)?

たくさん召し上がれ。

マニ トゥルダ
많이 (들다→❷).

私はその人を知っています。(합니다体に)

チョヌン ク サラムル アルダ
저는 그 사람을 (알다→❸).

明日は遊べません。(第Ⅱ活用-ㄹ 수 없어요を使って不可能形に)

ネイルン ノルダ
내일은 (놀다→❹).

解答 ❶우세요(ウセヨ) ❷드세요(トゥセヨ) ❸압니다(アムニダ) ❹놀 수 없어요(ノル ス オプソヨ)

これも覚えよう

その他のㄹ(リウル)語幹用言

놀다(ノルダ)(遊ぶ) 들다(トゥルダ)(入る/食べるの美語) 열다(ヨルダ)(開く) 쓸다(ッスルダ)(掃く) 벌다(ポルダ)(稼ぐ)
팔다(パルダ)(売る) 알다(アルダ)(知る) 만들다(マンドゥルダ)(作る) 울다(ウルダ)(泣く)

豆ちしき 【혼코노(ホンコノ)】혼자(ホンジャ) 코인노래방을(コインノレバンウル) 가다(カダ).(ひとりでコインカラオケに行く。)の略語。

Lesson 2

変則的な活用をする特殊語幹のうち으語幹について学びます。

사진보다 훨씬 예뻐요.

サジンポダ　フォルシン　イェッポヨ

写真よりずっときれいです。

DL.76

●ジョンソクとヒカルは街中で女優を見かけたようです。

チョ　ヨペウルル　ボアッソヨ
저 여배우를 봤어요?
あの　女優を　見ましたか？

ネ　サジンポダ　フォルシン　イェッポヨ
네. 사진보다 훨씬 예뻐요.
はい。写真より　ずっと　きれいです。

文法ポイント

① 으語幹とは

語幹末다の直前のパッチムの母音に으を持つ用言のほとんどが으語幹で、第Ⅲ活用のときに特殊な変化をします。第Ⅰ・Ⅱ活用のときには特殊な変化はありません。

② 活用の仕方

❶으の直前の文字が陽母音（ㅏ/ㅑ/ㅗ）の場合

第Ⅲ活用で、다の直前の母音으が脱落し代わりに母音ㅏを接続します。

基本形 → 해요体

アップダ（陽母音）
아프다 → 아프다（脱落）→ 아파요
痛い　　　　　　　　痛いです
アッパヨ

❷다の直前の文字が陰母音（ㅏ/ㅑ/ㅗ以外）の場合と、語尾の다を含めて2文字の（으を含んだ文字が単語の頭にくる）単語の場合

第Ⅲ活用で、다の直前の母音으が脱落し代わりに母音ㅓを接続します。

基本形 → 해요体

イェップダ（陰母音）
예쁘다 → 예쁘다（脱落）→ 예뻐요
きれいだ　　　　　　きれいです
イェッポヨ

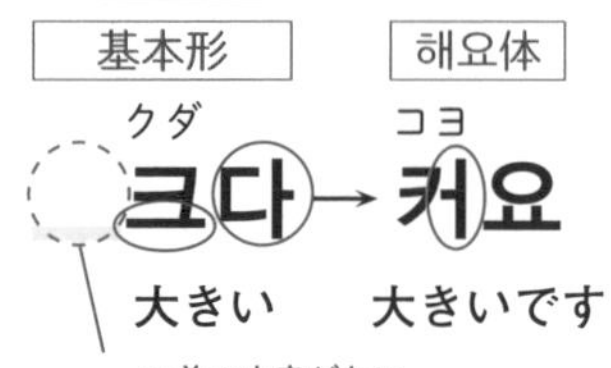

書いてみよう　次の会話文をなぞってみましょう。

DL.77

〖練習〗

Q　お腹が空いていませんか？	A　はい。お腹が空いています。
ペガ　コップジ　アナヨ 배가 고프지 않아요?	ネ　ペガ　コッパヨ 네. 배가 고파요.
배가 고프지 않아요?	네. 배가 고파요.

練習問題　日本語訳を見ながら、下線部のー語幹の動詞を指示に従って直しましょう。

해요体にしましょう。

Q：どこがお悪いのですか？

オディガ　アップセヨ
어디가 아프세요?

A：頭が痛いです。

モリガ　アップダ
머리가 (아프다→❶　　　　　).

ハングル（韓国語の文字）を書きます。　ハングルル　ツスダ
한글을 (쓰다→❷　　　　　).

第Ⅲ活用-ㅆ어요を使って過去形にしましょう。

その映画は悲しすぎました。　ク　ヨンファヌン　ノム　スルプダ
그 영화는 너무 (슬프다→❸　　　　　).

子どもの頃は熊の人形を集めていました。

オリルッテヌン　コミニョヌル　モウダ
어릴때는 곰인형을 (모으다→❹　　　　　).

第Ⅲ活用-서を使って理由を表す言葉にしましょう。

お腹が空いて死にそうです。　ペガ　コップダ　チュッケッソヨ
배가 (고프다→❺　　　　　) 죽겠어요.

コーヒーが苦すぎて飲めませんでした。

コピガ　ノム　ツスダ　モン　マショッソヨ
커피가 너무 (쓰다→❻　　　　　) 못 마셨어요.

解答　❶아파요（アッパヨ）　❷써요（ツソヨ）　❸슬펐어요（スルポッソヨ）　❹모았어요（モアッソヨ）
❺고파서（コッパソ）　❻써서（ツソソ）　＊❷と❻のようにーの前に文字がない場合、ーはすべてㅓに変化する

豆ちしき　ー語幹の単語　쓰다（ツスダ）（書く・使う・苦い）、뜨다（ットゥダ）（浮かぶ）、끄다（ックダ）（消す）、나쁘다（ナップダ）（悪い）

Lesson 3

特殊語幹と同じように変則的な活用をするㄷ(ティグ)変格活用を学びましょう。

신곡을(シンゴグル) 들었어요(トゥロッソヨ)?

新曲を聞きましたか？

DL. 78

●ユキはいち早く新曲を手に入れたようです。

신곡을(シンゴグル) 들었어요(トゥロッソヨ)?
新曲を　聞きましたか？

아직(アジㇰ) 못(モッ) 들었어요(トゥロッソヨ).
まだ　聞けていません。

文法ポイント

① ㄷ変格用言とは

語尾다(ダ)の直前にㄷを持つ用言で、第Ⅱ、第Ⅲ活用のときに特殊な変化をします。第Ⅰ活用のときには特殊な変化はありません（正格用言はP107豆ちしき参照）。

② 活用の仕方

❶第Ⅱ活用と第Ⅲ活用のときにㄷがㄹに変化する

＊ㄹ(リウル)語幹ではないので、ㄹパッチムありの扱いとなる

❷第Ⅱ活用＋세요(セヨ)（尊敬語の語尾）＊第Ⅱ活用のときは必ず으(ウ)が入る

基本形

듣다(トゥッタ) → 들으 → 들으세요(トゥルセヨ)

ㄹに変化

聞く　→　尊敬語　お聞きになります

❸第Ⅲ活用＋ㅆ어요(オヨ)（過去形の語尾）

基本形

듣다(トゥッタ) → 들었 → 들었어요(トゥロッソヨ)

ㄹに変化

聞く　→　過去形　聞きました

書いてみよう 次の会話文をなぞってみましょう。

DL. 79

〘練習〙

Q ホンデまで歩いて行ったんですか？

홍대까지 걸어갔어요?（ホンデッカジ コロカッソヨ）

홍대까지 걸어갔어요?

A はい。歩いて行きました。

네. 걸어갔어요.（ネ コロカッソヨ）

네. 걸어갔어요.

練習問題 日本語訳を見て、指示に従って下線部のㄷ変格の用言を変化させましょう。

第Ⅲ活用-ㅆ어요を使って過去形にしましょう。

友だちと電話していてカップラーメンがのびました。

친구랑 전화하느라 컵라면이 (붇다→❶).（チングラン チョナハヌラ コムラミョニ プッタ）

*느라（～しようと）

インドに行って何を悟りましたか？ 인도에 가서 뭐 (깨닫다→❷)?（インドエ カソ ムォ ツケダッタ）

教授のインタビューを大学新聞に載せました。

교수님 인터뷰를 대학 신문에 (싣다→❸).（キョスニム イントビュールル テハク シンムネ シッタ）

第Ⅱ活用-셨어요を使って尊敬語の過去形にしましょう。

お父さんは私の友人の名前を尋ねました。

아버지는 제 친구 이름을 (묻다→❹).（アボジヌン チェ チング イルムル ムッタ）

第Ⅲ活用-서を使って理由を表す言葉にしましょう。

湧水を汲んでコーヒーを淹れました。

약수를 (긷다→❺) 커피를 끓였어요.（ヤクスルル キッタ コピルル ックリョッソヨ）

解答 ❶불었어요（プロッソヨ） ❷깨달았어요（ツケダラッソヨ） ❸실었어요（シロッソヨ） ❹물으셨어요（ムルショッソヨ） ❺길어서（キロソ）

これも覚えよう

ㄷ変格の用言（ティグッ）

싣다（シッタ）（載せる） 긷다（キッタ）（汲む） 깨닫다（ツケダッタ）（悟る） 묻다（ムッタ）（尋ねる）
붇다（プッタ）（ふやける） 일컫다（イルコッタ）（称する）

豆ちしき 特殊変化をしないㄷ正格用言 받다（パッタ）（受け取る）、닫다（タッタ）（閉める）、얻다（オッタ）（もらう）、믿다（ミッタ）（信じる）

Lesson 4

語尾다の直前にㅂパッチムを持つㅂ変格用言を学びます。

생각보다 매워요.

センガッポダ メウォヨ

思ったより辛いです。

DL. 80

●ヒカルはソニンおすすめの食堂に来ています。

メウンタンウン アン メウォヨ
매운탕은 안 매워요?
メウンタンは 辛くないですか?
センガッポダ メウォヨ
생각보다 매워요.
思ったより 辛いです。

＊メウンタン…白身魚の辛いスープ

文法ポイント

① ㅂ変格用言とは

語尾다の直前にㅂパッチムを持つ用言です。第Ⅱ・Ⅲ活用のときに語幹末の形が変化します（正格用言はP109豆ちしき参照）。

② 活用の仕方

❶第Ⅱ活用では、パッチムㅂが脱落し、次に우が続く

▶尊敬形（第Ⅱ活用-세요）のとき

基本形 / 尊敬形

メプタ → メウセヨ

맵다 → 매우 + 세요 → 매우세요

辛い（ㅂ脱落） → 辛いです

❷第Ⅲ活用では、パッチムㅂが脱落して次の文字に우が続くが、通常の第Ⅲ活用をするので、우の後に어が接続されて워と短縮される

▶過去形（第Ⅲ活用-ㅆ어요）のとき

基本形 / 過去形

メプタ → メウォッソヨ

맵다 → 매 + 우 + 어 + ㅆ어요 → 매웠어요（短縮）

辛い（ㅂ脱落） → 辛かったです

書いてみよう 次の会話文をなぞってみましょう。

DL. 81

〖練習〗

Q この部屋は暑くないですか？	A はい。とても暑いです。
이(イ) 방은(バンウン) 안(アン) 더워요(トウォヨ)?	네(ネ). 많이(マニ) 더워요(トウォヨ).
이 방은 안 더워요?	네. 많이 더워요.

練習問題 日本語訳を見て、指示に従って下線部のㅂ変格用言を変化させましょう。

해요体にしましょう。
済州島の海は美しいです。

제주도(チェジュド) 바다는(パダヌン) (아름답다(アルムダプタ)→❶　　　　).

第Ⅲ活用-서を使って理由を表す言葉にしましょう。
今年の夏は蒸し暑くてたまりません。

이번(イボン) 여름은(ヨルムン) (무덥다(ムドプタ)→❷　　　　) 죽겠어요(チョケッソヨ).

家が近くていいですね。　집이(チビ) (가깝다(カッカプタ)→❸　　　　) 좋겠어요(チュッケッソヨ).

第Ⅲ活用-ㅆ어요を使って過去形に直しましょう。

昨日は寒すぎました。　어제는(オジェヌン) 너무(ノム) (춥다(チュプタ)→❹　　　　).

思ったより荷物が軽かったです。　생각보다(センガッポダ) 짐이(チミ) (가볍다(カビョプタ)→❺　　　　).

解答 ❶아름다워요(アルムダウォヨ) ❷무더워서(ムドウォソ) ❸가까워서(カッカウォソ) ❹추웠어요(チュウォッソヨ) ❺가벼웠어요(カビョウォッソヨ)

これも覚えよう

その他のㅂ(ピウプ)変格用言

고맙다(コマプタ)（ありがたい）　귀엽다(クィヨプタ)（かわいい）　덥다(トプタ)（暑い）　무겁다(ムゴプタ)（重い）
남자답다(ナムジャダプタ)（男性らしい）　여성스럽다(ヨソンスロプタ)（女性らしい）　어둡다(オドゥプタ)（暗い）
*돕다(トプタ)（手伝う）곱다(コプタ)（細い/心が美しい）の2語のみ、第Ⅲ活用のときに워(ウォ)ではなく와(ワ)を接続する

豆ちしき 特殊変化をしないㅂ(ピウプ)正格用言　좁다(チョプタ)（狭い）、넓다(ノルタ)（広い）、입다(イプタ)（着る）、씹다(ッシプタ)（噛む）

Lesson 5

変則的な活用をする<ruby>ㅅ<rt>シオッ</rt></ruby>変格用言を学びます。

감기가 안 나아요.

カムギガ アン ナアヨ

風邪が治りません。

●ジョンソクはユキを心配しています。

カムギガ アン ナアヨ
감기가 안 나아요?
風邪が 治らないのですか?
ヤグル モゴッソヨ
약을 먹었어요.
薬を 飲みました。

文法ポイント

① ㅅ変格用言とは

語幹末にㅅを持つ用言の一部をㅅ（シオッ）変格用言といいます。第Ⅱ・Ⅲ活用のときに特殊な変化をします。第Ⅰ活用のときには特殊な変化がありません（正格用言はP111豆ちしき参照）。

❶仮定形（第Ⅱ活用-면（ミョン））では、ㅅが脱落した次は、必ず으（ウ）が接続される

基本形 / 仮定形

プッタ　　　　　　　　　　　　プウミョン
붓다 → 부 + 으 + 면 → 부으면
腫れる（ㅅ 脱落）　　　　　　　腫れたら

❷過去形（第Ⅲ活用-ㅆ）では、ㅅが脱落してもパッチムのある扱いをするので、そのまま通常の第Ⅲ活用をする

基本形 / 過去形（해요体）

プッタ（陰母音）　　　　　　　　　　　プオッソヨ
붓다 → 부 + 어 + ㅆ + 어요 → 부었어요
腫れる（ㅅ 脱落）　　　　　　　　　　腫れました

書いてみよう　次の会話文をなぞってみましょう。

DL. 83

〖練習〗

Q どうして顔がむくんだのですか？

ウェ　オルグリ　プオッソヨ
왜 얼굴이 부었어요?

왜 얼굴이 부었어요?

A 昨夜お酒をたくさん飲みました。

オジェッパム　スルル　マニ　マショッソヨ
어젯밤 술을 많이 마셨어요.

어젯밤 술을 많이 마셨어요.

練習問題　日本語訳を見て、指示に従って下線部のㅅ変格用言を変化させましょう。

第Ⅲ活用-ㅆ어요を使って過去形にしましょう。

Q：赤ちゃんの名前をつけましたか？　아기 이름을 (짓다→❶　　)?
（アギ　イルムル　チッタ）

A：シウォンと名づけました。　시원이라고 (짓다→❷　　).
（シウォニラゴ　チッタ）

たくさん泣いて目が腫れました。　많이 울어서 눈이 (붓다→❸　　).
（マニ　ウロソ　ヌニ　プッタ）

第Ⅱ活用-세요を使って尊敬語にしましょう。

この紙に線をまっすぐに引いてください。

이 종이에 선을 똑바로 (긋다→❹　　).
（イ　ジョンイエ　ソヌル　ットッパロ　クッタ）

匙（さじ）でかき混ぜてください。　젓가락으로 (젓다→❺　　).
（チョッカラグロ　ジョッタ）

2つの点をつないでください。　두 점을 (잇다→❻　　).
（トゥ　ジョムル　イッタ）

解答　❶지었어요（チオッソヨ）　❷지었어요（チオッソヨ）　❸부었어요（プオッソヨ）　❹그으세요（クウセヨ）　❺저으세요（ジョウセヨ）　❻이으세요（イウセヨ）

これも覚えよう

その他のㅅ（シオッ）変格用言

짓다（チッタ）（〈薬を〉調合する/〈名前を〉つける/〈話を〉書く/作る）

젓다（ジョッタ）（かき回す/〈舟を〉漕ぐ）

豆ちしき　特殊変化をしないㅅ（シオッ）正格用言　웃다（ウッタ）（笑う）、벗다（ポッタ）（脱ぐ）、씻다（ッシッタ）（洗う）、빼앗다（ッペアッタ）（奪う）

Lesson 6

変則的な活用をするㅎ(ヒウッ)変格用言を学びます。

피부가(ピブガ) 하얘요(ハイェヨ).

DL. 84

色白です。

●ヒカルとジョンソクが韓国の女の子について話しています。

한국(ハングン) 여자들은(ニョジャドゥルン) 피부가(ピブガ) 하얘요(ハイェヨ).
韓国の 女の子たちは 色白です。

네(ネ). 예뻐요(イェッポヨ).
はい。きれいです。

文法ポイント

① ㅎ変格用言とは

語尾다(ダ)の直前にㅎを持つ用言の一部です。語尾다(ダ)の直前にㅎパッチムを持つ形容詞のうち、이렇다(イロッタ)（このようだ)、그렇다(クロッタ)（そのようだ)、저렇다(チョロッタ)（あのようだ)、어떻다(オットッタ)（どのようだ）の4つと、하얗다(ハヤッタ)（白い)、노랗다(ノラッタ)（黄色い）などの色を表す用言の一部は第Ⅱ・Ⅲ活用のときに特殊な変化をします。

② 活用の仕方

❶第Ⅱ活用のときは、語尾다(ダ)の直前のㅎパッチムが脱落する

基本形 → 語幹

그렇다(クロッタ)（ㅎ・다 脱落）→ 그러(クロ)
そのようだ

그러면(クロミョン)（それならば）그러니까(クロニッカ)（だから）
그러세요(クロセヨ)?（そうですか？） ＊그래요(クレヨ)の尊敬形

❷第Ⅲ活用のときは、ㅎが脱落し、語尾다の直前の母音がㅐに変化する

＊하얗다(ハヤッタ)（白い）のみ語幹末の母音がㅒに変化する

基本形 → 語幹

그렇다(クロッタ)（ㅎ・다 脱落）→ 그래(クレ)
そのようだ

그랬어요(クレッソヨ)?（そうだったのですか？）
그래서(クレソ)（それで）그래도(クレド)（それでも）
그래요(クレヨ).（そうです。）그래요(クレヨ)?（そうですか？）
＊発音するときは疑問文のみ語尾を上げる

書いてみよう 次の会話文をなぞってみましょう。

DL. 85

〖練習〗

Q どうして顔が赤くなりましたか？

왜 얼굴이 빨개졌어요?
（ウェ オルグリ ツパルゲジョッソヨ）

왜 얼굴이 빨개졌어요?

A お兄さんの前では緊張します。

오빠 앞에서는 긴장해요.
（オッパ アッペソヌン キンジャンヘヨ）

오빠 앞에서는 긴장해요.

＊形容詞＋第Ⅲ活用-지다（シダ）（形容詞）で「〜くなる/〜になる」

練習問題 日本語訳を見て、指示に従って下線部のㅎ変格用言を変化させましょう。

第Ⅲ活用を使って해요体にしましょう。

冬の空は青いです。 겨울 하늘은 (파랗다→❶).
（キョウル ハヌルン パラッタ）

A：彼氏ができました。
남자친구가 생겼어요.
（ナムジャチングガ センギョッソヨ）

B：あー。そうですか?
아. (그렇다→❷)?
（ア クロッタ）

キリンの首は長いです。 기린은 목이 (기다랗다→❸).
（キリヌン モギ キダラッタ）

第Ⅱ活用-세요を使って尊敬語にしましょう。

A：パク課長が昇進されました。 박과장님이 승진하셨어요.
（パククヮジャンニミ スンジンハショッソヨ）

B：さようですか？ おめでとうございます。
(그렇다→❹)? 축하드립니다.
（クロッタ チュッカトゥリムニダ）

第Ⅲ活用-ㅆ어요を使って過去形にしましょう。

A：会社辞めました。
회사 그만두었어요.
（フェサ クマントゥオッソヨ）

B：そうだったんですか？
(그렇다→❺)?
（クロッタ）

解答 ❶파래요（パレヨ） ❷그래요（クレヨ） ❸기다래요（キダレヨ） ❹그러세요（クロセヨ） ❺그랬어요（クレッソヨ）

豆ちしき ㅎ（ヒウッ）正格用言 좋다（チョッタ）（良い）、놓다（ノッタ）（置く）、넣다（ノッタ）（入れる）

Lesson 7

変則的な活用をする르（ル）変格用言について学びましょう。

아직 서툴러요.（アジク ソトゥルロヨ）

まだ下手です。

DL. 86

●ファンミーティングでほめられちゃった！

한국말（ハングンマル） 잘（チャ） 하시네요（ラシネヨ）?
韓国語 お上手ですね？

아니요.（アニヨ） 아직（アジク） 서툴러요（ソトゥルロヨ）.
いいえ。 まだ 下手です。

文法ポイント

① 르変格用言とは

語尾다（ダ）の前の文字に르（ル）を持つほとんどの用言を르（ル）変格用言といいます。第Ⅲ活用のときに다（ダ）の形が変化します。第Ⅰ・Ⅱ活用のときには特殊な変化がありません。

② 르変格活用の仕方

第Ⅲ活用のときには다（ダ）の前の文字（語幹末）の母音ㅡが脱落し、ㄹが語幹末の前の文字のパッチムの位置に移動します。語幹末の前が陽母音（ㅏ/ㅑ/ㅗ）であれば次に라（ラ）を接続し、陰母音（ㅏ/ㅑ/ㅗ以外）であれば次に러（ロ）を接続します。

❶해요（ヘヨ）体（第Ⅲ活用-요（ヨ））

基本形		語幹				해요体
빠르다（陽母音）	→	빨	+	라	→	빨라요（パルラヨ）
速い						速いです

❷過去形（第Ⅲ活用-ㅆ어요（オヨ））

基本形		語幹						過去形
빠르다（陽母音）	→	빨	+	라	+	ㅆ어요	→	빨랐어요（パルラッソヨ）
速い								速かったです

書いてみよう 次の会話文をなぞってみましょう。

DL. 87

〖練習〗

Q 週末いっしょに山登りしましょうか？

チュマレ　カッチ　サネ　オルルッカヨ
주말에 같이 산에 오를까요?

주말에 같이 산에 오를까요?

A はい。いっしょに登りましょう。

ネ　カッチ　オルラヨ
네. 같이 올라요.

네. 같이 올라요.

練習問題 日本語訳を見て、指示に従って下線部の르変格用言を変化させましょう。

第Ⅲ活用を使って理由を表す言葉にしましょう。

Q：私の言葉を聞き取れますか？

チェ　マルル　アラドゥロヨ
제 말을 알아들어요?

A：少し速くて聞き取れません。

チョム　ッパルダ　モ　ダラドゥッケッソヨ
좀 (빠르다→❶　　　　) 못 알아듣겠어요.

第Ⅲ活用-ㅆ어요を使って過去形に直しましょう。

ボーイフレンドと別れて髪を切りました。

ナムジャチングラン　ヘオジョソ　モリルル　チャルダ
남자친구랑 헤어져서 머리를 (자르다→❷　　　　).

第Ⅲ活用-주세요を使って「～（し）てください」という依頼文にしましょう。

私に似合う服を選んでください。

チョエゲ　オウルリヌン　オスル　コルダ　ジュセヨ
저에게 어울리는 옷을 (고르다→❸　　　　) 주세요.

解答 ❶빨라서（ッパルラソ） ❷잘랐어요（チャルラッソヨ） ❸골라（コルラ）

これも覚えよう

러変格用言

語幹末に르（ル）を持つ用言のうち次の3語は러（ロ）変格用言といい、第Ⅲ活用のときに르（ル）変格用言と違う活用をします。

푸르다（プルダ）（青い）→**푸르러요**（プルロヨ）（青いです）、**이르다**（イルダ）（至る）→**이르러요**（イルロヨ）（至ります）、**누르다**（ヌルダ）（黄色い）→**누르러요**（ヌルロヨ）（黄色いです）

豆ちしき 르変格用言 다르다（タルダ）（異なる）、서두르다（ソトゥルダ）（急ぐ）、기르다（キルダ）（育てる）、누르다（ヌルダ）（押さえる）

〘第8章の予習 連体形とは〙

名詞を用言で修飾するときに、用言と名詞をつなげる役割をするのが連体形です。現在連体形と過去連体形では動詞と存在詞、形容詞と指定詞が同じ活用をします。また、未来連体形は四大用言全てが同じ活用をします。

下の表を見ながら、現在・過去・未来連体形と四大用言の組み合わせを確認していきましょう。

連体形と四大用言

	現在連体形	過去連体形	未来連体形
形容詞	「きれいな色」 「白い肌」 「～な＋名詞」 「～い＋名詞」	「白かった肌」 「～だった＋名詞」 「～かった＋名詞」	「美しいはずの山」 「～なはずの＋名詞」
指定詞	「教師である李先生」 「～である＋名詞」 （～の＋名詞）	「教師だった李先生」 「～だった＋名詞」	「教師であるはずの李先生」 「～であるはずの＋名詞」
動詞	「読んでいる本」 「～する＋名詞」 「～している＋名詞」	「読んだ本」 「読んでいた本」 「～た＋名詞」 「～ていた＋名詞」	「降る雨」 「降るはずの雨」 「～るはずの＋名詞」
存在詞	「隣にいる人」 「～いる/～ある＋名詞」	「隣にいた人」 「～かった＋名詞」	「あるはずのお金」 「～い＋名詞」 「～いはずの＋名詞」

連体形活用一覧表

<table>
<tr><th rowspan="2"></th><th rowspan="2">現在連体形</th><th colspan="3">過去連体形</th><th rowspan="2">未来連体形</th></tr>
<tr><th>単純過去</th><th>回想過去
（現在完了）</th><th>大過去
（過去完了）</th></tr>
<tr><td>動詞</td><td rowspan="2">第Ⅰ活用-는(ヌン)</td><td>第Ⅱ活用
-ㄴ</td><td rowspan="2">第Ⅰ活用-던(トン)</td><td rowspan="3">第Ⅲ活用
-ㅆ던(トン)</td><td rowspan="3">第Ⅱ活用-ㄹ</td></tr>
<tr><td>存在詞</td><td>第Ⅰ活用
-던(トン)</td></tr>
<tr><td>形容詞・指定詞</td><td>第Ⅱ活用-ㄴ</td><td colspan="2">第Ⅰ活用-던(トン)</td></tr>
</table>

＊動詞と存在詞は基本的には同じ活用だが、存在詞の単純過去だけは第Ⅰ活用-던(トン)を使う

＊本書ではビギナー向けに、使用頻度が高く、会話において間違いのない最低限の連体形活用を掲載している

現在・過去・未来の連体形

第8章では、「お兄さんが出ているドラマ」や「昨日見た映画」などの現在・過去・未来の連体形について学びます。用言によって活用の仕方が変わりますが、基本的にはこれまで学んだ3種類の活用形を応用できるので、規則的に覚えることができます。

＊過去連体形には単純過去、回想過去、大過去など複数の時制がありますが、本書では覚えやすくするために使う頻度が高いものだけを掲載しました

Lesson 1

動詞や形容詞を使って名詞を修飾する現在連体形を学びます。

오빠가 나오는 드라마를 봤어요?

オッパガ ナオヌン ドゥラマルル パッソヨ

DL. 88

お兄さんが出ているドラマを見ましたか？

●ソニンとユキがドラマの感想を話しています。

오빠가 나오는 드라마를 봤어요?
お兄さんが 出ている ドラマを 見ましたか？

네. 너무 멋있어요.
はい。かっこよすぎます。

文法ポイント

① 動詞と存在詞の現在連体形

例文中の「お兄さんが出ているドラマ」のように、名詞を現在形の動詞と存在詞で修飾するときに必要な活用です。動詞と存在詞は第Ⅰ活用＋는（ヌン）で、同じ活用をします。

基本形	語幹	第Ⅰ活用＋는	現在連体形
다니다（タニダ） 通う	다니	다니＋는	다니는 화사（タニヌン フェサ） 通っている会社
재미있다（チェミイッタ） おもしろい	재미있	재미있＋는	재미있는 사람（チェミインヌン サラム） おもしろい人

② 形容詞の現在連体形

名詞を現在形の形容詞で修飾するときに必要な活用です。活用は第Ⅱ活用にㄴを接続します。

	基本形	語幹	第Ⅱ活用＋ㄴ	現在連体形
パッチムがあるとき	좋다（チョッタ） いい	좋	좋＋은	좋은 사람（チョウン サラム） いい人
パッチムがないとき	예쁘다（イェップダ） きれいな	예쁘	예쁘＋ㄴ	예쁜 사람（イェップン サラム） きれいな人

 次の会話文をなぞってみましょう。

DL. 89

〖練習〗

Q 好きな人がいますか？

チョアハヌン　サラミ　イッソヨ
좋아하는 사람이 있어요?

좋아하는 사람이 있어요?

A 今は好きな人がいません。

チグムン　チョアハヌン　サラミ　オプソヨ
지금은 좋아하는 사람이 없어요.

지금은 좋아하는 사람이 없어요.

練習問題

日本語訳を見て、下線部の動詞と名詞をひとつの文章にしましょう。

動詞と存在詞の現在連体形を作りましょう。

よく聞く音楽はなんですか？

チャジュ　トゥッタ　ウマク　ウン　ムォエヨ
자 주 (듣다 음악→❶) 은 뭐예요?

おもしろい映画がありますか？

チェミイッタ　ヨンファ　ガ　イッソヨ
(재미있다 영 화→❷) 가 있어요?

好んで食べる食べものがありますか？

チュルギョモクタ　ウムシク　イ　イッソヨ
(즐겨먹다 음 식→❸) 이 있어요?

形容詞の現在連体形を作りましょう。

ヨンビンさんは優しい男の人です。

ヨンビン　ツシヌン　チャッカダ　ナムジャ　エヨ
영 빈 씨는 (착하다 남 자→❹) 예요.

お兄さんはきれいな女の人が好きですか？

オッパヌン　イェップダ　ヨジャ　ガ　チョアヨ
오빠는 (예쁘다 여자→❺) 가 좋아요?

明るい性格が魅力的です。

パクタ　ソンキョク　イ　メリョクチョギエヨ
(밝다 성격→❻) 이 매력적이에요.

解答
❶듣는 음악（トゥンヌン ウマク）❷재미있는 영화（チェミインヌン ヨンファ）❸즐겨먹는 음식（チュルギョモンヌン ウムシク）
❹착한 남자（チャッカン ナムジャ）❺예쁜 여자（イェップン ニョジャ）❻밝은 성격（パルグン ソンキョク）

잘생겼어요.（チャル センギョッソヨ）（ハンサム／美人です。）の反対は、못생겼어요.（モッ センギョッソヨ）（不細工／器量が悪いです。）

Lesson 2

動詞と存在詞、形容詞で名詞を修飾する表現のうち、過去連体形を学びます。

어제 본 영화 어땠어요?

オジェ ボン ヨンファ オッテッソヨ

DL. 90

昨日観た映画どうでしたか？

●ジョンソクがヒカルに映画の感想を聞いています。

オジェ ボン ヨンファ オッテッソヨ
어제 본 영화 어땠어요?
昨日 観た 映画 どうでしたか？

チェミイッソッソヨ
재미있었어요.
おもしろかったです。

文法ポイント

例文中の「昨日観た映画」のように、名詞を過去の動詞や存在詞や形容詞で修飾するときに必要な活用を、動詞の過去連体形といいます。

① 動詞の単純過去連体形

動詞の単純過去を表す場合は、用言に第Ⅱ活用-ㄴを接続します。

	基本形	語幹	第Ⅱ活用＋은／ㄴ	過去連体形
パッチムがあるとき	イクタ 읽다 読む	읽	읽＋은	イルグン チェク 읽은 책 読んだ本
パッチムがないとき	マンナダ 만나다 会う	만나	만나＋ㄴ	マンナン サラム 만난 사람 会った人

② 存在詞・形容詞の過去連体形

存在詞の単純過去は、第Ⅰ活用-던(トン)を接続します。

	基本形	語幹	第Ⅰ活用＋던	現在連体形
存在詞	イッタ 있다 いる	있	있＋던	イットン サラム 있던 사람 いた人
形容詞	チャクタ 작다 小さい	작	작＋던	チャクトン アギ 작던 아기 小さかった赤ちゃん

書いてみよう　次の会話文をなぞってみましょう。

DL. 91

〖練習〗

Q 予約したホテルはどこにありますか？

A 会賢（フェヒョン）*にあります。

예약한（イェヤッカン） 호텔은（ホテルン） 어디에（オディエ） 있어요?（イッソヨ）	회현에（フェヒョネ） 있어요.（イッソヨ）
예약한 호텔은 어디에 있어요?	회현에 있어요.

*地下鉄1号線でソウル駅の次の停車駅

練習問題　日本語訳を見て、下線部の用言と名詞をひとつの文章にしましょう。

第Ⅱ活用-ㄴを使って動詞の過去連体形を作りましょう。

予約したホテルは東大門（トンデムン）にあります。

(예약하다（イェヤッカダ） 호텔（ホテル）→❶　　　　　　)은（ウン） 동대문에（トンデムネ） 있어요.（イッソヨ）

私が読んだ本を貸してあげますね。

제가（チェガ） (읽다（イクタ） 책（チェク）→❷　　　　　　)을（ウル） 빌려 줄게요.（ピルリョジュルッケヨ）

まだ韓国に行ったことがありません。

아직（アジク） 한국에（ハングゲ） (가다（カダ） 적（チョク）→❸　　　　　　)이（イ） 없어요.（オプソヨ）

お父さんが買ってきたお弁当を食べました。

아버지가（アボジガ） (사오다（サオダ） 도시락（トシラク）→❹　　　　　　)을（ウル） 먹었어요.（モゴッソヨ）

第Ⅰ活用-던を使って存在詞と形容詞の過去連体形を作りましょう。

駅の前にあった食堂がなくなりました。

역（ヨ） 앞에（ガッペ） (있다（イッタ） 식당（シクタン）→❺　　　　　　)이（イ） 없어졌어요.（オプソジョッソヨ）

かわいかったチスは芸能人になりました。

(귀엽다（クィヨプタ） 지수（チス）→❻　　　　　　)는（ヌン） 연예인이（ヨネイニ） 됐어요.（テッソヨ）

解答　❶예약한（イェヤッカン） 호텔（ホテル）　*助詞と合わせて호텔은（ホテルン）　❷읽은（イルグン） 책（チェク）　*助詞と合わせて책을（チェグル）　❸간（カン） 적（チョク）
*助詞と合わせて적이（チョギ）　*적（チョク）（こと）は、過去を表すときだけ使える。일（イル）（事）を使うこともできる
❹사온（サオン） 도시락（トシラク）　*助詞と合わせて도시락을（トシラグン）　❺있던（イットン） 식당（シクタン）　❻귀엽던（キィヨプトン） 지수（チス）

豆ちしき　大過去連体形はすべての用言で、第Ⅲ活用＋ㅆ던（ットン）を接続します。　만났던（マンナットン） 사람（サラム）（会った人）

Lesson 3

未来を表すときに用いられる名詞の修飾を未来連体形といいます。

한국말 공부를 할 예정이에요.

ハングンマル コンブルル ハル イェジョンイエヨ

DL. 92

韓国語の勉強をする予定です。

●ジョンソクがユキの週末の予定を聞いています。

주말에 뭐 할 거예요?

週末に 何 するつもりですか？

한국말 공부를 할 예정이에요.

韓国語の 勉強を する 予定です。

＊한국말の鼻音化（P126参照）

文法ポイント

① 未来連体形の作り方

未来連体形はこれから起こるはずの事態や、推測を表します。動詞・存在詞・形容詞・指定詞すべての用言に、第Ⅱ活用-ㄹを接続して同じ活用をします。

❶語幹末にパッチムがないとき

基本形		語幹				未来連体形
여행 가다	→	여행 가	+ ㄹ	+ 친구	→	여행 갈 친구
旅行する			パッチムがないのでㄹを接続	友だち		旅行する（はずの）友だち

→같이 여행 갈 친구가 없어요.（いっしょに旅行する〈はずの〉友だちがいません。）

❷語幹末にパッチムがあるとき

基本形		語幹				未来連体形
먹다	→	먹	+ 을	+ 것（거）	→	먹을 것（거）
食べる			パッチムがあるので을を接続	もの		食べる（はずの）もの

→냉장고안에 먹을 것（거）없어요.（冷蔵庫の中に食べる〈はずの〉ものがありません。）

② 話者の主観的な意思や推測を表す言葉 第Ⅱ活用-ㄹ 거예요

「～でしょう」「～するつもり」など、ある事態や行動に対する話者の意志や推測を表すときは、①で学んだ未来連体形に것이다を接続します。

書いてみよう 次の会話文をなぞってみましょう。

〖練習〗

Q 明日、会えますか？

내일 만날 수 있어요?

내일 만날 수 있어요?

A 明日は会えないでしょう。

내일은 만날 수 없을 거예요.

내일은 만날 수 없을 거예요.

練習問題 日本語訳を見て、下線部を未来連体形にしましょう。

第Ⅱ活用-ㄹ＋名詞を使って未来連体形を作りましょう。

食べるものないのですか？

(먹다 거→❶　　　　　　) 없어요?

婚約者がいるわけがありません。

약혼자가 (있다 리→❷　　　　　　) 가 없어요.

忙しくて食事する時間がありません。

바빠서 (식사하다 시간→❸　　　　　　) 이 없어요.

第Ⅱ活用-ㄹ 거예요を使って意思・推量の文章を作りましょう。

お兄さんはお酒を飲めないでしょう。

오빠는 술을 못 (마시다→❹　　　　　　).

その人は必ず来るでしょう。

그 사람은 꼭 (오다→❺　　　　　　).

家でドラマを観るでしょう。

집에서 드라마를 (보다→❻　　　　　　).

解答 ❶먹을 거 ❷있을 리 ❸식사할 시간 ＊助詞と連音化すると시간이
❹마실 거예요 ❺올 거예요 ❻볼 거예요

豆ちしき 大学の違う科の学生のコンパを과팅、大学の寄宿舎で暮らす学生のコンパを방팅という。

〖 発音の変化❶ 〗

DL. 94

日本語の「乾杯（かんぱい）」の「ん」は［kanpai］というローマ字表記ですが、［n］の次に続く子音［p］の影響を受けて、実際には［kampai］と「ん」が［m］で発音されています。韓国語にも、書いたとおりに発音しない文字の組み合わせなど、様々な発音の変化があります。音声を聞きながら、発音の変化を練習して正しい発音を学びましょう。

連音化

韓国語では、音節の終わりにパッチム（子音）がある次の音節が아（ア）、야（ヤ）、오（オ）などの母音で始まると、子音が次の音節に押し出されて連音化します。

＊[ ]の中は綴りではなく、実際の発音を示す

ウムアク
음악 [으막] →連音化した発音はウマㇰ
音楽

タンオ
단어 [다너] →連音化した発音はタノ
単語

濁音化

4つの平音(ㄱ、ㄷ、ㅂ、ㅈ)は、母音と母音にはさまれると가가（カガ）、다다（タダ）、바바（パバ）、자자（チャジャ）のように濁音に変化します。また、鼻音（ㄴ、ㅁ、ㅇ）と流音（ㄹパッチム）の後に平音が続くと、平音の音が濁って濁音になります。ㅅは変化がありません。

❶ 平音ㄱ、ㄷ、ㅈ、ㅂが母音と母音にはさまれる場合

カグ
가구 [kagu]
家具

クドゥ
구두 [kudu]
靴

ナビ
나비 [nabi]
蝶

サジャ
사자 [saja]
獅子

❷ 鼻音/流音の後に平音ㄱ、ㄷ、ㅈ、ㅂが続く場合

ハンガン
한강 [hanga^{ŋ}/]
漢江

カムジャ
감자 [kamja]
ジャガイモ

パダ
바다 [pada]
海

カルビ
갈비 [kalbi]
カルビ

＊漢字語여권（ヨックォン）［yo^{ʔ}kuɔn］（旅券）や合成語김밥（キムパプ）［kim^{ʔ}pa^{-p}］（キンパ）など、これらの発音の変化には当てはまらない例外もあります。

〖 発音の変化❷ 〗

DL. 95

ㅎの音の特別な変化

ㅎの音は他の音の影響を受けやすいため、書いたとおりに発音しない場合が非常に多く、最も注意が必要です。

❶ ㅎの無音化

ㅎパッチムの次にㅇが続くと、その音自体がなくなります。

チョアヨ
좋아요 [조아요] いいです

ノオヨ
넣어요 [너어요] 入れます

❷ ㅎの弱音化

ㅎパッチムㄴ、ㅁ、ㄹの次にㅎが続くと、ㅎの音が弱くなります。これをㅎの弱音化といいます。　＊ニュースなどでは、弱音化させずにはっきりと発音される

チョナ
전화 [저놔] 電話

キョロン
결혼 [겨론] 結婚

❸ ㅎの激音化

ㅎの音は平音と重なるときにも特殊な発音の変化をします。

❶平音パッチムㄱ、ㅂ、の次にㅎが続く場合

平音パッチムの音が連音化しつつㅋ、ㅍと激音化します。

ヤッカダ
약하다 [야카다] 弱い

クッパダ
급하다 [그파다] 急ぐ

❷平音パッチムㄷ、ㅈ、ㅎの次にㅎが続く場合

平音パッチムの音が連音化しつつㅌと激音化します。

イロッタ
이렇다 [이러타] こうだ

濃音化

平音ㄱ、ㄷ、ㅂ、ㅈ、ㅅパッチムの次に平音が続く場合、後に続く平音が濃音に変わります。

スッパク
숙박 [숙빡] 宿泊

ハッキョ
학교 [학꾜] 学校

＊출장（チュルッチャン）[출짱]（出張）발달（パルッタル）[발딸]（発達）などㄹで終わる漢字語にㅈ、ㅅ、ㅈで始まる別の漢字語が続くときも、これらの子音は濃音化します。

流音化

ㄹパッチムの次にㄴが続くときと、ㄴパッチムの次にㄹが続くときは、ㄴがㄹに変わります。

ヨルラク
연락 [열락] 連絡

イルリョン
일년 [일련] 1年

〚 発音の変化③ 〛

DL. 96

鼻音化

1 子音の次に鼻音（ㅁ、ㄴ）が続くとき

パッチムk、t、pの次に鼻音ㅁ、ㄴが続くと、パッチムがそれぞれk→ㅇ、t→ㄴ、p→ㅁに変わります。

kパッチム＋ㅁ、ㄴ：　チャンニョン **작년** [장년] 去年

tパッチム＋ㅁ、ㄴ：　ックンナダ **끝나다** [끈나다] 終わる

pパッチム＋ㅁ、ㄴ：　ハムニダ **합니다** [함니다] ～します

2 ㄹの鼻音化

ㄴとㄹ以外の子音の次にㄹがくるときのみ、ㄹがㄴに変化します。

チョンノ **종로** [종노] 鐘路（ソウルの地名）　シムニ **심리** [심니] 心理

＊식량（シンニャン）[싱냥]（食料）입력（イムニョク）[임녁]（入力）확률（ファンニュル）[황뉼]（確率）など、ㄴとㄹ以外の子音がㄹの鼻音化を招き、鼻音化したㄴが直前の子音を鼻音化させるケースもある

ㄴを加える発音

1 子音パッチムの次にㅑ、ㅕ、ㅒ、ㅖ、ㅛ、ㅠが続くとき

子音パッチムの次にㅑ、ㅕ、ㅒ、ㅖ、ㅛ、ㅠで始まる母音が接続されると、発音上ㄴが追加されることがあります。

タムニョ **담요** [담뇨] 毛布

2 ㄴの追加と直前の子音の鼻音化

ㄴが追加されることによって、直前のパッチムが鼻音化するケースもあります。

シムニュク **십육** [심뉵] 16　ッコンニプ **꽃잎** [꼰닙] 花びら

3 ㄴが追加される複合語

子音パッチムの次にㅑ、ㅕ、ㅒ、ㅖ、ㅛ、ㅠで始まる母音が接続される複合語でも、発音上ㄴが追加されることがあります。

ムスン ニョイル **무슨 요일** [무슨 뇨일] 何曜日

〘 助詞一覧表 〙

DL. 97

	最後の文字にパッチムのない名詞	最後の文字にパッチムのある名詞
が	가 例：김치가（キムチが）	이 例：냉면이（冷麺が）
は	는 例：김치는（キムチは）	은 例：냉면은（冷麺は）
を	를 例：김치를（キムチを）	을 例：냉면을（冷麺を）
と	와 ＊文語的表現 例：김치와 냉면（キムチと冷麺）	과 ＊文語的表現 例：냉면과 김치（冷麺とキムチ）
と	랑 ＊口語的表現 例：김치랑 냉면（キムチと冷麺）	이랑 ＊口語的表現 例：냉면이랑 김치（冷麺とキムチ）
と	하고 ＊体言を選ばず使える口語的表現	
へ（方向） で（手段）	로 例：경주로（慶州へ） 로 例：가위로（はさみで）	으로 例：부산으로（釜山へ） 으로 例：손으로（手で）
に（事物）	에 例：경주에/부산에（慶州に/釜山に）	
に（人物）	에게/한테 例：선생님에게/친구한테（先生に/友だちに）	
から（人物）	에게서/한테서 例：선생님에게서/친구한테서（先生から/友だちから）	
から（事物）	에서 例：경주에서/부산에서（慶州から/釜山から）	
から（時間）	부터 例：한 시부터（1時から）	
まで	까지 例：두 시까지（2時まで）	
の	의 例：선생님의 책（先生の本） 저의 책→제 책（私の本） ＊略体形を使う	

注意！ 語幹末にㄹを持つ名詞は로の前でも으が入らない
例：지하철로（地下鉄で）、연필로（鉛筆で）、칼로（ナイフで）

注意！ 의は会話の中でよく省略される

注意！ 한테/한테서は同等か目下の者に使う助詞

著者

鶴見ユミ　つるみ ゆみ

神奈川県出身。延世大学大学院国文科にて近代文学を専攻。韓国語講師、翻訳、通訳に従事。有限会社アイワード取締役。韓国語をゼロから始めて1週間に一度の受講で1年以内にマスターさせる、文法に重点を置いた講義に定評がある。
〈著書〉
『新ゼロからスタート韓国語 文法編』『新ゼロからスタート韓国語 会話編』『ゼロからスタート韓単語BASIC1400』『単語でカンタン! 旅行韓国語会話 改訂版』(以上、Jリサーチ出版)など。訳書に、『僕は「五体不満足」のお医者さん』(アスペクト)がある。

韓国語教室アイワード(池袋)　https://aiword.tokyo
メールアドレス：contact@aiword.tokyo　またはaiwordmember@yahoo.co.jp

書ける!　話せる!
たのしい韓国語ドリル 音声DL版

著　者　鶴見ユミ
発行者　高橋秀雄
発行所　**株式会社 高橋書店**
〒170-6014 東京都豊島区東池袋3-1-1 サンシャイン60 14階
電話　03-5957-7103

ISBN978-4-471-11455-8